DR. MANFRED LÜTZ ist Psychiater, Psychotherapeut und Theologe. Er ist Chefarzt des Alexianer-Krankenhauses in Köln und Autor mehrerer Bestseller, darunter: »Gott – Eine kleine Geschichte des Größten«, »Irre! Wir behandeln die Falschen: Unser Problem sind die Normalen«, »Bluff! Die Fälschung der Welt«, »Wie Sie unvermeidlich glücklich werden« und zuletzt zusammen mit Jehuda Bacon »Solange wir leben, müssen wir uns entscheiden. Leben nach Auschwitz«. Darüber hinaus ist Lütz Kabarettist und nimmt als Autor in mehreren überregionalen Zeitungen regelmäßig zu aktuellen Themen Stellung.

»Ein Mann wie Lütz ist wahrlich wichtig in unserer Gesellschaft. Es geht darum, dass Menschen wieder wissen, was sie selber für Fähigkeiten haben.«
Frank Schirrmacher

»Fesselnd wie ein Krimi«
BUNTE

Besuchen Sie uns auf www.penguin-verlag.de und Facebook.

Manfred Lütz

WIE SIE UNVERMEIDLICH GLÜCKLICH WERDEN

Eine Psychologie des Gelingens

 PENGUIN VERLAG

Der Verlag weist ausdrücklich darauf hin, dass im Text enthaltene externe Links vom Verlag nur bis zum Zeitpunkt der Buchveröffentlichung eingesehen werden konnten. Auf spätere Veränderungen hat der Verlag keinerlei Einfluss. Eine Haftung des Verlags ist daher ausgeschlossen.

In diesem Buch ist aus rein pragmatischen Gründen der Lesbarkeit in der Regel die männliche Sprachform gewählt worden, wofür ich Leserinnen um Verständnis bitte. Der Paartherapeut Jürg Willi konstruierte den Satz: »Wenn man/frau mit seiner/ihrem Partner/in zusammenleben will, so wird er/sie zu ihr/ihm in ihre/seine oder sie/er in seine/ihre Wohnung ziehen«, um deutlich zu machen, dass eine befriedigende Lösung des Sprachproblems nicht möglich ist. »Ich ziehe die einfache Sprache der zwar korrekteren, aber unübersichtlicheren vor.« Diese Auffassung teile ich.

Manfred Lütz

MIX
Papier aus verantwortungsvollen Quellen
FSC® C014496

Verlagsgruppe Random House FSC® N001967

PENGUIN und das Penguin Logo sind Markenzeichen von Penguin Books Limited und werden hier unter Lizenz benutzt.

1. Auflage 2017
Copyright © 2015 by Gütersloher Verlagshaus, Gütersloh, in der Verlagsgruppe Random House GmbH, Neumarkter Straße 28, 81673 München
Umschlaggestaltung: any.way Grafikpartner
Druck und Bindung: GGP Media GmbH, Pößneck
ISBN: 978-3-328-10113-0
www.penguin-verlag.de

Dieses Buch ist auch als E-Book erhältlich.

INHALT

»Sei in diesem Augenblick glücklich, das genügt. Wir brauchen nicht mehr als den Augenblick.«

Mutter Teresa

»Von der Gelegenheit gilt dasselbe wie vom Glück: Man muss sie beim Schopf packen, sobald sie sich darbietet; sonst entschwindet sie gewöhnlich ohne Wiederkehr.«

Giacomo Casanova

Es ist mein voller Ernst, dass man unvermeidlich glücklich werden kann. Und da es solche Wege gibt, die ausnahmslos jedem Menschen offenstehen, darf man darüber nicht schweigen. Als ich mein Buch »Irre« schrieb, zweifelten erst viele, dass es möglich sei, auf 185 Seiten die ganze Psychiatrie und Psychotherapie darzustellen. Und auch jetzt scheint der Titel scherzhaft übertrieben. Doch obwohl es im Folgenden auch humorvoll zugehen wird, der Titel ist ganz ernst gemeint.

Unvermeidlich glücklich werden! Wie also soll das gehen? In den Schriften der Völker gibt es unendlich viele Texte über das Glück. Und auch neuerdings überschwemmt eine Flut von Glücksbüchern das Land. Freilich scheint die Menschheit durch all das nicht wirklich glücklicher zu werden. Manches spricht sogar dafür, dass eine Gesellschaft umso unglücklicher ist, je mehr über das Glück geschrieben wird. Soll man also riskieren, das Unglück zu vermehren, indem man ein weiteres Buch zu diesem Thema in die Welt setzt? Doch das Glück ist ein Menschheitsthema, das jeden Einzelnen betrifft und dem man nicht einfach entfliehen kann, indem man sich wortreich mit Zweitwichtigem begnügt. Daher war dieses Buch unvermeidlich, denn ich bin tatsächlich der Überzeugung, dass eine Verbindung von Psychologie, Philosophie und spiritueller Tradition dem Glück ganz neue Horizonte eröffnet und zu erstaunlichen Ergebnissen führt.

Ich danke Professor Robert Spaemann, der dafür gesorgt hat, dass alles philosophisch seine Richtigkeit hat, und auch meinem Friseur, der streng darauf achtet, dass alles locker und allgemeinverständlich bleibt. Ein Buch darüber, wie jeder glücklich werden kann, muss jeder verstehen.

EINLEITUNG –
WIE MAN ZUVERLÄSSIG EINEN
EHESTREIT ORGANISIERT

»Herr Doktor, wir haben noch nie über das Vertrauen geredet. Können Sie uns da helfen?« Erwartungsvoll schaute mich das Ehepaar an. Die beiden hatten gerade in einer Illustrierten gelesen, dass man in einer Ehe über alles reden müsse, vor allem aber über das Vertrauen. Denn das Vertrauen sei eine Grundlage jeder guten Beziehung. Ich weiß nicht, ob sie da etwas falsch verstanden hatten, jedenfalls hatte ich alle Mühe, sie von diesem Unsinn abzubringen. Sie waren schon über 30 Jahre verheiratet, hatten Höhen und Tiefen überstanden, und es fiel auf, wie rücksichtsvoll und liebenswürdig sie miteinander umgingen. Mir war schleierhaft, wie sie auf die Idee kommen konnten, zum Psychiater zu gehen, denn nichts sprach für eine psychische Störung. Aber manche Medienberichte schaffen es, ganz normale Menschen so zu verunsichern, dass sie glauben, ein Problem zu haben.

Tatsächlich zerstört man das Vertrauen, wenn man es durch ein Gespräch zu fassen versucht. Die Frage »Kann ich dir eigentlich vertrauen?« eröffnet nicht eine Diskussion über das Vertrauen, sondern beendet sie. Denn damit entzieht man dem Vertrauen die Grundlage. Nehmen wir mal an, die Antwort wäre: »Ja, natürlich, wie kommst du bloß auf die Frage?« – so kann man locker nachlegen: »Dann sag doch mal, wo genau du gestern um 17 Uhr warst!« Spätestens an diesem Punkt kann nur noch ehrliche Empörung die Reaktion sein: »Seit 30 Jahren sind wir verheiratet, immer war ich dir treu, alles habe ich für dich getan – und du fängst plötzlich an, mir zu misstrauen ...« Die Antwort »Aber ich habe doch nur gefragt ...« macht auch nichts mehr besser, denn nun werden beide beginnen, misstrauisch zu werden, obwohl vor dem Gespräch über das Vertrauen im Grunde einhelliges Vertrauen geherrscht hatte.

Vertrauen ist wichtig. Ohne ein Mindestmaß an Vertrauen kann ein Mensch nicht glücklich sein. Was das Leben aber so spannend macht, ist die Tatsache, dass wir gerade das Wichtige nicht wissen können. Ausgerechnet das Wichtige im Leben kann man nicht definieren, man kann es nicht in den Griff bekommen, man kann sich seiner nicht sicher sein. Wenn das nicht so wäre, dann wäre das Leben bloß ein langweiliges, festgelegtes Programm, für das man Gebrauchsanweisungen schreiben könnte, die es jedem ermöglichen würden, sein Leben so zu führen, wie es sich angeblich gehört. Dem Leben wäre jedes Geheimnis genommen, jeder persönliche Charakter, jede Vitalität. Das Leben wäre leblos.

Um einem Menschen wirklich zu vertrauen, muss man ihm also persönlich begegnen, muss Erfahrungen mit ihm machen, um dadurch die nötige Gewissheit zu erlangen. Auch dann kann man enttäuscht werden, weil man sich getäuscht hat. Theoretisches abstraktes Wissen jedenfalls hilft dabei nicht weiter.

Vielleicht ging es dem Rat suchenden Ehepaar ja auch bloß um ein wenig Abwechslung im tagtäglichen Ehetrott. Zweifellos gibt es Ehen – natürlich nicht die Ihre, liebe Leserin und lieber Leser, sondern eher die Ihrer Nachbarn oder von entfernten Verwandten –, da ist es nach 30 Jahren unter Umständen ein bisschen eintönig geworden. Es geschieht nichts wirklich Aufregendes mehr, nichts Unerwartetes, noch nicht mal ein zünftiger Ehekrach. Und wenn es einen Ehekrach gibt, dann kommt das meistens terminlich ganz ungelegen, mal eben zwischen Tür und Angel, und man kann es gar nicht richtig genießen. Da wäre es doch hilfreich, wenn es eine Methode gäbe, mit der man einen solchen Ehekrach gezielt und zuverlässig herbeiführen könnte. Es wäre doch gelacht, wenn wir zwar dank des wissenschaftlichen Fortschritts nichts mehr dem Zufall überlassen, aber dennoch außerstande wären, etwas so Banales wie einen schlichten Ehekrach herzustellen. Und tatsächlich, eine solche Methode steht jedem jederzeit zur Verfügung. Nachdem erst mal in aller Ruhe ein Termin gesucht wurde, an dem genug Zeit ist, fragt zum Beispiel die Ehefrau ohne Vorwarnung: »Warum liebst du mich eigentlich?« Mit dieser Frage ist der Abend gelaufen. Denn alles, was jetzt passiert, kann nur noch ins Chaos führen.

Nehmen wir an, der Mann ist völlig perplex und sagt darauf nichts, so wird die Ehefrau verständlicherweise und völlig zu Recht erbost reagieren: »Wie, du hast nichts dazu zu sagen? Ich koche für dich, ich wasche für dich, ich tue alles für dich, und du hast auf eine solche Frage, die an die Basis unserer Beziehung geht, absolut nichts zu sagen? Gut, dass ich die Frage endlich mal gestellt habe! Offensichtlich leben wir schon seit Jahren nur noch aneinander vorbei! Du wirst nämlich wohl kaum bestreiten können, dass das eine wichtige Frage ist. Gar nicht besonders kompliziert. Nur fünf Worte. Dennoch fällt dir nichts dazu ein! Absolut gar nichts! Da kann ich ja gleich gehen ...«

Die zweite Möglichkeit ist natürlich, dass der eheerfahrene Mann antwortet. Da dieser Mann seine Frau also nur zu gut kennt, zermartert er sein Gehirn. Er weiß genau, er muss jetzt etwas sagen. Es gibt ja solche Ehen, in denen die Ehefrau zu ihrem Mann sagt: »Sag was!«, und tatsächlich: Er sagt was! So kommt der Mann auf das für ihn Naheliegendste, und er antwortet zum Beispiel überstürzt: »Ich liebe dich wegen deiner schönen Augen!« Doch auch diese Antwort führt unfehlbar in die Katastrophe: »Nur wegen meiner Augen? Das ist ja eine Frechheit! Das muss man sich mal vorstellen: Seit über 30 Jahren lebe ich mit dir zusammen, auf so vieles habe ich verzichtet, habe unsere Kinder erzogen, den Haushalt geführt, und alles, was dir zu mir einfällt, sind meine Augen? Was hinter meinen Augen ist, Gehirn und so, das interessiert den Herrn wohl gar nicht! Da kann ich dir ja ein Foto meiner Augen hinstellen und mich aus dem Staub machen! Ich bin entsetzt, enttäuscht, entwürdigt! So etwas lasse ich mir nicht bieten ...« Natürlich hat sie recht, die Frau. Denn wie wollte man ein den ganzen Menschen ergreifendes existenzielles Gefühl auf zwei kleine kugelförmige Gebilde reduzieren? Auch hier gibt es kein Halten mehr, denn was auch immer der Ehemann jetzt in höchster Not sagen wird, es liefe auf den Versuch hinaus, Liebe zu definieren. Und das vernichtet die Liebe.

Auch Liebe ist wichtig. Auch sie entzieht sich dem bloßen Wissen. Daher können Bücher über die Liebe die reale Liebe zweier Menschen durchaus gefährden. Denn sie schaffen die Illusion, dass die Liebe eine Wissenschaft oder eine Kunst sei, die man erlernen und dann beherrschen könne. So sei man dann Herr seiner Liebe, weil man sie jetzt präzise auf den Begriff gebracht habe. Welche Anmaßung! Denn die Liebe gibt es nicht, damit man sie begreifen kann. Die Liebe ist unberechenbar. Sie blitzt im Moment auf. Man kann sich von ihr ergreifen lassen, nicht theoretisch, sondern ganz praktisch.

Vor allem kann man wirkliche Liebe erschüttern, wenn man Liebenden einredet, es gebe so etwas wie eine ideale Liebe. Das »Utopiesyndrom« hat der österreichisch-amerikanische Psychotherapeut Paul Watzlawick einen psychologischen Irrweg genannt, bei dem das ganze Streben eines Menschen mit aller Kraft und großer Ausdauer auf ein unerreichbares Ziel ausgerichtet ist. Es gibt kaum etwas Hinterlistigeres, als einem glücklich liebenden Ehepaar ein Buch über die ideale Ehe zu schenken mit dem Hinweis: Unbedingt lesen! Dann besteht die gute Aussicht, dass diese reale Ehe womöglich bald beendet ist. Denn die schneidet natürlich gegenüber dem Ideal, das im Buch gepriesen wird, immer schlechter ab. Deswegen spricht der jüngst verstorbene geniale Soziologe Ulrich Beck zu Recht davon, dass die Ratgeberliteratur eine Schneise der Verwüstung durch Deutschland schlage. Sie sorgt dafür, dass viele Menschen sich für sich selbst gar nicht mehr kompetent fühlen, sondern alles von Experten erwarten. Und diesen Effekt haben nicht nur gewisse Liebesratgeber und Ehehandbücher. Auch manche gierig erwarteten Glücksfibeln sind in Wirklichkeit nichts anderes als raffinierte Anleitungen zum Unglücklichsein. Denn mit dem Glück ist es nicht anders als mit Vertrauen und Liebe: Man kann es nicht in Buchform »schwarz auf weiß nach Hause tragen«, wie Goethes lächerlicher Famulus sich das so denkt.

Daher ist dieses Buch keinesfalls ein Ratgeber. Im Gegenteil, es ist geradezu ein Anti-Ratgeber, eine Befreiung vom professionellen Besserwissertum und damit eine Anleitung zum selbstbewussten eigenen Leben und zu einem Glück, das es nicht als allgemeines Ideal gibt, sondern nur höchstpersönlich.

1

GLÜCKSSUCHT
DER GANZ NORMALE IRRSINN DES GLÜCKS

1
DER STOFF, AUS DEM DIE TRÄUME SIND

Jede Sucht ist eine Sucht nach Glück. Der Drogenabhängige sehnt sich nach nichts so sehr wie nach dem Kick, nach dem Hochgefühl, nach dem überströmenden Glück des Moments, in dem die Droge anflutet. Alles ist er bereit dafür zu tun, alles Geld opfert er, seine Freunde, seine Gesundheit, sein Leben. Bei den ersten Kontakten mit der Droge beginnt er zu ahnen, dass er da ein unglaubliches Mittel in der Hand hält, mit dem er Glück zuverlässig und effektiv selbst erzeugen kann. Er hat das Glück wortwörtlich in der Hand. Was helfen gegen dieses Gefühl von eigener Macht die ewigen langweiligen Warnungen alter langweiliger Menschen vor derlei Eigenmächtigkeiten? Was hilft die Drohung, solche Tollheiten würden einem über kurz oder lang teuer zu stehen kommen, wenn einen irgendein »Später« gar nicht interessiert, da man doch das unübertreffliche beglückende Jetzt erlebt hat. Ein solcher Mensch ist ganz gefangen vom intensiven gegenwärtigen Augenblick, in dem weder Vergangenheit noch Zukunft noch irgendjemand rings umher interessiert, sondern bloß die Ekstase des Rausches.

Doch ist ein Drogenabhängiger wirklich glücklich? Für die kurzen Momente des Rausches bei den ersten Malen vielleicht. Doch niemand, auch der Drogenkonsument selbst nicht, wenn er dann bald abhängig ist, wird den Drogenkonsum ernsthaft als Glück beschreiben. Die traumhafte Eigenmächtigkeit, die am Anfang stand, wird zur drastischen Ohnmacht der Abhängigkeit von der Droge, vom Dealer, von Menschen, die sich erbarmen. Die Sucht nach Glück, das prickelnde Gefühl von der mühelosen Machbarkeit des Glücks, hat den Drogenabhängigen ins größte denkbare Unglück gestürzt. Zweifellos, die Sucht nach Glück macht entsetzlich unglücklich.

Auch der Alkoholabhängige sehnt sich nach Glück. Es beginnt nicht so fulminant wie bei der Drogenabhängigkeit. Es ist also nicht gleich der bewusstseinsverändernde Effekt selbst, der gesucht wird. Alkohol ist zunächst ein Getränk wie andere auch, dessen Geschmack geschätzt und dessen entspannende Wirkung vielleicht nebenbei noch angenehm empfunden wird. Wer weinselig vor sich hin fabuliert, mag sich in diesem Moment sogar glücklich fühlen. Dagegen ist nichts zu sagen. Problematisch wird es erst dann, wenn der bewusstseinsverändernde Nebeneffekt das eigentliche Ziel des Alkoholtrinkens wird. Tatsächlich sind Probleme in Alkohol komplett löslich, aber natürlich nicht wirklich. Wenn jemand nämlich beim Auftreten irgendeines Problems nicht das Problem ernsthaft löst, sondern stattdessen Alkohol auf das Problem schüttet, dann hat er bereits die schiefe Ebene betreten, auf der er in die Sucht rutscht. Er löst dringende Probleme nicht mehr und bekommt sogar noch ein zusätzliches Problem: das Problem mit dem Alkohol. Irgendwann führt diese psychische Abhängigkeit zur körperlichen Abhängigkeit, man muss mehr trinken, um denselben Effekt zu erreichen, man leidet unter unangenehmen Entzugserscheinungen, wenn man das Alkoholtrinken einstellt. Man verliert seine Entscheidungsfreiheit, denn mit der Zeit wird der Alkohol wichtiger als alles andere im Leben. Beruf, Partnerschaft, Freunde, all das, was normalerweise glücklich machen kann, wird ersetzt durch einen Stoff, den Alkohol. Am Ende ist es das süchtig ersehnte höchste Glück, Unglück zu vermeiden, nämlich das Unglück des Entzugs. Dass allein die Abwesenheit von Leid Glück sei, das war immer schon die traurigste Auffassung vom Glück.

Die nicht stoffgebundenen Süchte machen klar, dass jedes menschliche Verhalten süchtig entarten kann. Es ist schwierig, über Sexsucht ernsthaft zu reden, denn manch einer mag sich insgeheim etwas Ähnliches wünschen. Doch kaum jemand macht sich klar, was Sexsucht für einen Menschen wirklich bedeutet. Wer sexsüchtig ist, den macht Sex nicht mehr glücklich, aber Sexentzug macht ihn unglücklich. Dasselbe gilt von Kaufsucht, Laufsucht und dem, was man heute Internetsucht nennt. Allerdings muss man bei solchen Diagnosen auf dem Teppich bleiben. Wer viel Geld hat und viel kauft, ist deswegen nicht gleich kaufsüchtig, wer gerne viel läuft, der kann das problemlos auch weiter tun, und wer lustvoll im Internet surft, der braucht sich deswegen noch keine Sorgen zu machen. Und zweifellos war auch Giacomo Casanova nicht sexsüchtig. Er war ein selbstbewusster Mann, der die Frauen liebte und darunter keineswegs litt. Solche Menschen sind immer noch Herr ihrer Entscheidungen, und wenn sie das Glück suchen, kann es ihnen auf vielfältige Weise begegnen. Erst dann, wenn dieses Verhalten eine Eigendynamik bekommt, wenn es ganz ins Zentrum eines Lebens rückt und da auf Dauer nichts anderes mehr neben sich duldet, wenn alle Sehnsucht nach Glück nicht mehr offen ist für die Weite der Welt und des Lebens, sondern sich verirrt in den engen Tunnel dieses einen endlos wiederholten Verhaltens, dann ist ein solcher Mensch blind geworden für wirkliches Glück. Und so sieht er nicht einmal mehr, wie dieses Verhalten alle seine sozialen Beziehungen untergräbt, gefährdet und am Ende zerstört. Das außer Rand und Band geratene Verhalten ist nicht mehr eine von vielen Verhaltensweisen, denen sich Menschen auf der Suche nach einem glücklichen Leben nach eigenem Gutdünken mehr oder weniger intensiv widmen und für die sie sich entscheiden. Denn wenn die Sucht gesiegt hat, entscheidet nicht mehr der Mensch über ein Verhalten, sondern ein Verhalten entscheidet über den Menschen. Der Mensch wird zum Sklaven seines Verhaltens, und dann ist er nicht mehr frei, sondern krank, dann ist er süchtig und braucht therapeutische Hilfe, um wieder fähig zu werden, er selbst zu sein und wirklich glücklich zu werden. Jede Sucht ist eine Form von Unglück.

2 DER HOENESS-EFFEKT

Als ich den ersten Spielsüchtigen meines Lebens im Krankenhaus aufnahm, war ich total überrascht. Denn der Patient hatte alle Entzugserscheinungen, die ich von Alkoholikern kannte: Zittern, Unruhe, Schweißausbruch. Mehrfach am Tag musste er sein völlig durchgeschwitztes Hemd wechseln. Der Mann war gescheit, hatte eine gute Ausbildung, war früher im Leben erfolgreich gewesen. Doch jetzt hatte er alles verloren, seinen Job, seine Frau, sein Geld, einfach alles. Verstandesmäßig war ihm völlig klar, dass die Spielsucht ihn ins Unglück gestürzt hatte. Dennoch kam er alleine nicht davon los. Die Spielsucht ist eine Sucht, die das Wort Glück sogar im Namen führt: Glücksspielsucht. Denn es geht ja nicht um Mensch-ärgerdich-nicht, sondern darum, mit dem Spiel Geld zu erspielen. Geld ist für den Spielsüchtigen das Glück oder, besser gesagt, der Moment des Geldgewinnens. Wie sehr das Glücksspiel Menschen in seinen verhängnisvollen Bann schlagen kann, das hat nicht nur Fjodor Dostojewski in seinem Roman »Der Spieler« dramatisiert, auch Stefan Zweig erzählt in seiner Novelle »Vierundzwanzig Stunden« berührend, wie ein junger gut aussehender Mann mit allen nur denkbaren sympathischen Eigenschaften ganz dem Glücksspiel verfallen ist und von einer Dame beobachtet wird, als er sich nach dem definitiven Verlust umbringen will. Sie rettet ihn und versucht, ihn mit allen Mitteln auf den rechten Weg zu bringen. Ja, sie verliebt sich sogar in ihn und ist bereit, für ihn alle Konventionen über den Haufen zu werfen. Es scheint zu gelingen, auch er verliebt sich in sie und schwört ihr inbrünstig, ein neues Leben zu beginnen. Er soll vorausfahren, sie gibt ihm Geld für die Bahnfahrt – und das ist das Verhängnis. Er nimmt nicht den Zug, sondern geht mit dem Geld in die Spielbank. Zweig beschreibt eindrucksvoll und realistisch, wie sich die ganze Persönlichkeit von einem Tag auf den anderen ändert. Der junge Mann, der sich noch einen Tag zuvor einfühlsam und liebevoll gezeigt hatte, wirkt nun plötzlich gehetzt, kalt und abweisend. Tief erschüttert fährt Mrs. C. ab und erfährt später, dass der hoffnungslose junge Spieler sich irgendwann umgebracht hat.

Das Glücksspiel spielt mit dem Glück, in all der schillernden Bedeutung dieses Wortes. Denn in anderen Sprachen wird genauer als im Deutschen unterschieden zwischen dem Glück als zufälliger Chance einerseits und dem wirklichen Glück als einer vor allem innerlichen Befindlichkeit andererseits. »Ich habe Glück gehabt« meint eben ein anderes Glück, als wenn ich von ganzem Herzen sagen kann: »Ich bin glücklich.« Gewiss, es gibt Verbindungen. Der glückliche Zufall kann mich glücklich machen, wenn dadurch eintritt, was meinen Wünschen entspricht. Aber wahres Glück geht doch darüber hinaus. Der Volksmund unterscheidet die beiden Bedeutungen von Glück ganz genau. Der Spruch »Glück und Glas, wie leicht bricht das!« warnt vor dem Zufallsglück, dem man hilflos ausgesetzt ist. Dagegen ermutigt der Satz »Jeder ist seines Glückes Schmied« dazu, selber für sein Glück tätig zu sein. Und dass derjenige, der sich um das wahre Glück müht, zusätzlich vielleicht auch ein bisschen mehr Glück hat, daran erinnert Mephistopheles in Goethes Faust: »Wie sich Verdienst und Glück verketten, das seh'n die Toren niemals ein. Wenn sie den Stein der Weisen hätten, der Weise mangelte dem Stein.«

Das Zufallsglück suchen viele Menschen, die nicht in Spielcasinos gehen, heute beim Lotto, in Quizshows und Castingshows. Sie bilden sich ein, auf diese Weise den Zufällen des Lebens ein Schnippchen schlagen zu können. Doch das wirkliche Glück ist kein Spiel und nicht durch ein Spiel zu gewinnen. Ein Spieler kann mal Glück haben, aber der glückliche Glücksspieler, der jeder Spieler irgendwann einmal werden will, hat in Wirklichkeit nie existiert. Selbst ein Multimillionär wie Uli Hoeneß hat das bitter erfahren müssen. Auch Astrologie hat Konjunktur mit dem spielerischen Versprechen, Menschen glücklich zu machen, indem sie schon mal ein bisschen in die Zukunft schauen können und so in Kenntnis ihres Horoskops windschnittiger durchs Leben kommen. »Corriger la fortune« nannte unser Französischlehrer Bemühungen, das Schicksal einer Klassenarbeit dadurch zu korrigieren, dass man nicht bloß sein Gedächtnis, sondern auch seine Augen einsetzte, um beim Nachbarn einige sachdienliche Erkundigungen einzuziehen. Man hatte Glück gehabt, wenn man nicht erwischt wurde. Dann hatte man buchstäblich mehr Glück als Verstand. In Wahrheit hat das alles mit wirklichem Glück, mit Glück als vor allem innerer Befindlichkeit, überhaupt nichts zu tun.

3
DAS GLÜCKSKARTELL

Doch es scheint auch eine Art unbändiger *Sehn-Sucht* nach Glück zu geben, die nicht zu klinischer Sucht führt und die auch nichts zu tun hat mit all den Zeit vertreibenden Spielereien des Glücks, von denen die Rede war. Vor 100 Jahren stellte der Soziologe Émile Durkheim fest, dass wir immer mehr in eine »anomische Situation« hineingeraten, eine Situation also, in der allgemeine Sicherheiten und verbindliche Orientierungen verloren gegangen sind. Vielleicht hat die übertriebene Sehnsucht nach Glück damit zu tun, dass der Einzelne sich auf seine kleine Welt zurückgeworfen fühlt und sich daher umso mehr bemüht, in dieser biedermeierlichen Welt ganz für sich alleine glücklich zu werden, wenigstens ein bisschen glücklicher als die anderen. Diese Sehnsucht bringt offensichtlich viele Menschen dazu, sich geradezu unablässig mit dem Thema Glück zu befassen. So entstand ein höchst profitables milliardenschweres Glückskartell. Die Regale der Buchhandlungen biegen sich vor Glücksliteratur, Glücksseminare haben Hochkonjunktur, und jeder noch so banale Satz zum Thema Glück wird gierig aufgesogen wie eine Offenbarung. Ein unfreiwillig komischer Höhepunkt dieses Unsinns ist »The World Book of Happiness«, ein dicker Schinken, der auf Deutsch mit dem Titel »Glück« erschienen ist. Was da an hochtrabenden Allerweltsweisheiten und schlichtem Blödsinn von Autoren aus aller Welt zusammengeschrieben worden ist, sollte man nicht für möglich halten. Das »Wohlfühlglück« ist in aller Munde. Nichts gegen ein bisschen Wellness. Doch ist das wirklich das Glück? Der Philosoph Robert Spaemann hat einfach mal in diesen Wohlfühlluftballon hineingestochen: Es sei doch sehr die Frage, ob wir uns wirklich am wohlsten fühlten, wenn es um nichts anderes geht als darum, uns wohlzufühlen. Peng! Und auch Zufriedenheit sei noch nicht Glück. Dennoch, die große Hoffnung ist, dass man vielleicht doch die ultimative Methode findet, eine ausgeklügelte geheime Technik, um auf diese Weise ganz sicher und ganz schnell definitiv glücklich zu werden. Könnte Glück nicht als Ergebnis kundiger Planung ein herstellbares Produkt sein, wie doch irgendwie alles im Leben? Doch das funktioniert nicht. Denn dass all die Bücher und Seminare nicht zum Erfolg führen, wird allein schon dadurch bewiesen, dass es immer wieder neue Bücher und neue Seminare gibt. Die zentrale Vorstellung bei alldem ist, dass Glück etwas sei, das machbar ist. Darin aber unterscheidet sich eine solche Sicht nicht von der eines Drogenabhängigen, der ja ebenso meint, Glück sei machbar, nicht mit Büchern, nicht mit Seminaren, sondern mit der Droge. Die Suche nach Glück durch Glücksratgeber ist im Ergebnis nicht weniger vergeblich, wenn auch weniger verderblich als der Irrweg der Junkies.

Die maßlose Sehnsucht nach machbarem Glück führt in die Sackgasse. Was bleibt, ist mühselige Selbstoptimierung, eifriges Seelenjogging, endloses Kreisen um sich selbst und die eigene Befindlichkeit – und kein Ziel gibt es, nirgendwo. Die Glückssüchtigen sind pflichtbewusste, aber erfolglose Egoisten, die sich unentwegt misstrauisch selbst beobachten und die deswegen ununterbrochen mit ihren Handys Selfies schießen, um sich selbst irgendwie festzuhalten. Doch ihre Hektik entlarvt die Vergeblichkeit ihrer Bemühungen, die immer öfter auch in manifeste Süchte entgleiten. Während die schweren psychischen Krankheiten in den vergangenen Jahren nicht zugenommen haben, gilt das nicht von den Süchten. Denn all die Bücher, die Kurse, die Glücksgurus mit ihren Ratschlägen lassen ihre Anhänger doch stets mit dem Gefühl zurück, dass das ideale Glück, was sie doch so gerne lernen wollten, für sie persönlich leider unerreichbar bleibt. Glückssüchtige sind nie glücklich.

Schon der Philosoph Platon hat gesagt: »Die ständige Sorge um die Gesundheit ist auch eine Krankheit.« Tatsächlich sind Menschen, deren Gedanken ausdauernd um die Gesundheit kreisen, zumeist nicht sehr gesund, und auch Menschen, die sich immerzu mit dem Glück befassen, sind gewöhnlich nicht die glücklichsten. Deswegen ist dieses Buch absichtlich nicht allzu dick geraten, und es spart sogar Zeit, denn es versucht, dem Leser dabei behilflich zu sein, sich die Lektüre künftiger ultimativer Glücksratgeber zu ersparen.

WAS IST GLÜCK?
EINE KLEINE GESCHICHTE DES GLÜCKS

1

WAS DIE GESCHEITESTEN MENSCHEN DER WELT ÜBER DAS GLÜCK DACHTEN

Mit schallendem Gelächter begann die Philosophie. Gerade war Thales von Milet in einen Brunnen gefallen, weil er wieder mal sinnierend und den Himmel betrachtend durch die Gegend geschlendert war, und eine thrakische Magd, die das sah, prustete los vor Heiterkeit. Was Thales so machte, das schien dieser Frau ohnehin ziemlich seltsam. Er dachte nach. Beruflich sozusagen. Er betrachtete die Welt und versuchte, ihr auf den Grund zu gehen – und landete doch nur auf dem Grund eines Brunnens. »Ach, Papperlapapp!«, wie meine Tante Cläre immer ausrief, wenn ich ihr von meinem Philosophiestudium erzählte. Sie hatte sich in den Kopf gesetzt, uns Städter mit dem »Humus«, also mit Mutter Erde, in Kontakt zu bringen. Eines Tages, als ich sie besuchte, forderte sie mich auf, mit ihr auf eines ihrer Felder zu fahren. Dort lud sie einen Eimer Mist in mein Auto, den ich dann auf ein anderes Feld fahren sollte. Eine Woche danach musste ich meinen Philosophieprofessor zu einer Tagung über die Wahrheit fahren. Das war ziemlich peinlich, denn der Wagen stank immer noch zum Himmel. Auf der Tagung redete erst ein Naturwissenschaftler, so eine wissenschaftliche Tante Cläre, der in aller sympathischen Naivität, die Naturwissenschaftlern manchmal eigen ist, steif und fest behauptete, nur das, was man messen könne, das sei die Wahrheit. Doch dann trat mein Philosophieprofessor ans Pult und erläuterte brillant, dass auch die Kreuzabnahme von Rubens in der Kathedrale von Antwerpen, auch das Requiem von Mozart, ja auch das Glück eines Menschen wahr seien. Sogar der Naturwissenschaftler war ganz hingerissen. Viel später hat mir meine Tante Cläre übrigens gestanden, dass der Transport des Mistkübels gar keinen Sinn hatte, sie wollte mir nur mal wieder zeigen, was eine Harke, pardon, eine Mistgabel ist. Doch Tante Cläre sollte nicht das letzte Wort behalten und auch die thrakische Magd nicht. Als Thales von Milet behauptete, er könne eine Sonnenfinsternis voraussagen, da lachte sie wohl noch schallender. Doch dann ereignete sich die Sonnenfinsternis tatsächlich. Am 28. Mai 585 vor Christus trat plötzlich Stille ein, das hämische Lachen seiner Mitmenschen verstummte, und in die Stille hinein lachte ein einziger Mensch, der erste Philosoph: Thales von Milet.

Und weil seine Philosophie sozusagen »funktionierte«, interessierte man sich plötzlich auch für die anderen Dinge, die Thales so dachte. Was die *Ur-Sache* von allem sei, dafür interessierte sich Thales, was hinter den Dingen stecke, was das Eigentliche der Welt und des Lebens sei. Und auch zum Glück äußerte er sich, der erste Philosoph, allerdings nur kurz und knapp: Gesund, gescheit und gebildet müsse man sein, um glücklich zu werden.

Die Philosophie ist nicht unmittelbar nützlich, sie hilft nicht bei Ackerbau und Viehzucht und auch nicht bei den lästigen Haushaltstätigkeiten einer thrakischen Magd, doch schon früh erkannten die Menschen, dass tieferes Nachdenken zu einer tieferen Erkenntnis der Welt und dadurch auch zu einem besseren Leben führen kann. Will man unvermeidlich glücklich werden, dann kann es jedenfalls nicht schaden, kluge Menschen zu fragen, wie man aus ihrer Sicht glücklich werden könne. Philosophen sind kluge Menschen. Und fast alle haben in der langen Geschichte der Philosophie gute Ideen zum Glück entwickelt.

Thales war nur der Anfang. Platon wird später sagen, dass der Mensch Glückseligkeit dann erreicht, wenn er den Umlauf der Gestirne erkennt und die Bewegungen der eigenen Seele diesen Bewegungen angleicht. Das Glück stehe also gewissermaßen in den Sternen. Daraus wird noch 2000 Jahre später Immanuel Kant den Schluss ziehen: »Zwei Dinge erfüllen das Gemüt mit immer neuer Bewunderung und Ehrfurcht, je öfter und anhaltender sich das Nachdenken damit beschäftigt: der bestirnte Himmel über mir und das moralische Gesetz in mir.« Schöner hätte man es nicht sagen können, doch kann auf diese Weise wirklich jeder glücklich werden?

Den frühesten Philosophen jedenfalls wurde sehr schnell klar, dass wirkliches Glück nicht von Äußerlichkeiten abhängig sein könne, nicht von Reichtum, von leiblichen Genüssen und auch von Sex nicht. Glück müsse etwas Innerliches sein. Wenn die Seele nicht glücklich sei, dann sei der Mensch nicht glücklich. Glück, so sagt Demokrit, sei Seelenruhe, die der Heiterkeit des Gemüts entspringe. Wenn Glück in Ergötzungen des Leibes bestünde, dann müsse man schließlich Ochsen als glücklich bezeichnen, wenn sie reichlich Erbsen zum Fressen fänden, meint Heraklit. Und unglücklich nennt Empedokles übrigens religiöse Fanatiker, die nicht in sich selber ruhten. Eine höchst aktuelle Bemerkung. Aber auch damals gab es schon Pessimisten wie den »Selbstmordprediger« Hegesias, die fanden, im Grunde könne man gar nicht glücklich sein, da die Seele ja im Körper stecke und der Körper unvermeidlich leide, und wenn man dann einmal meine, für Momente glücklich zu sein, dann werfe ein tragisches Schicksal alles über den Haufen. Nicht glücklich könne man unvermeidlich werden, sondern unglücklich. So richtig begeistert wäre die thrakische Magd des Thales wahrscheinlich über solche Ergebnisse von 200 Jahren Philosophie auch nicht gewesen, von meiner Tante Cläre gar nicht zu reden.

a) Philosophenglück: Platon, Aristoteles und meine Tante Cläre

Und dann kommen auch noch Platon und Aristoteles, die siamesischen Zwillinge der griechischen Philosophie, und erklären mit hochgezogenen Augenbrauen, wirklich glücklich könnten im Grunde nur die Philosophen werden. Fast einmütiger Beifall der Philosophenzunft, außer von Leuten wie Diogenes von Sinope, der seine Wohn-Tonne nicht verlassen wollte. Demgegenüber kennen wir zwar keine Kommentare von thrakischen Mägden zu dieser elitären These, meine Tante Cläre jedenfalls hätte sich die beiden gehörig zur Brust genommen. Doch da sie damals noch nicht lebte, konnte niemand verhindern, dass diese elitäre Glücksvorstellung in unterschiedlichen Variationen jahrhundertelang hohes Ansehen genoss. Dabei kann der Philosoph Platon selbst eigentlich nicht sehr glücklich gewesen sein, als er erleben musste, dass in Syrakus sein Philosophenstaatsprojekt immer wieder jammervoll scheiterte, weil griechische Philosophie da auf süditalienische Wirklichkeit traf. Und auch beim Philosophen Aristoteles hing der Himmel nicht immer voller Geigen, als er in Athen angefeindet wurde und dann ruhelos durchs Land zog. Da war sein ziemlich unphilosophischer Schüler Alexander der Große in seinem kurzen intensiven Leben mutmaßlich glücklicher. Meine Erfahrung im Philosophiestudium war, dass Leute, die nur Philosophie studierten, entweder irgendwann einen Lehrstuhl bekamen – das waren die wenigsten – oder kreuzunglücklich wurden – das waren die meisten –, weil sie ewig studierten. Denn ihre Begeisterung für Philosophie hatte zur Folge, dass sie glaubten, sie müssten erst mal alle Texte der großen Philosophen lesen und vor allem verstehen, bevor sie den ersten eigenständigen philosophischen Satz von sich gaben. Das war dann meistens irgendeine Bemerkung im Gespräch mit dem netten Herrn vom Arbeitsamt. Ich kann persönlich nicht bestätigen, dass das Philosophiestudium glücklicher macht als die Ausbildung zum Zahntechniker.

Dennoch kann man nicht bestreiten, dass Philosophen tiefe Einsichten zum Glück gefunden haben, die nicht nur für Philosophieprofessoren, sondern für alle Menschen außerordentlich nützlich sein können. Und als es mir gelungen war, mich vom philosophischen Einfluss meiner Tante Cläre zu emanzipieren, konnte ich auch Platon und Aristoteles wieder schätzen. Denn natürlich meinten die, wenn sie von Philosophen sprachen, nicht irgendwelche skurrilen Bücherwürmer, sondern ganz normale geistig offene Menschen, denen auf dem Marktplatz zum Beispiel Sokrates, der größte der griechischen Philosophen, begegnete, um sie in ein philosophisches Gespräch zu verwickeln, also Menschen wie Sie und ich, liebe Leserinnen und Leser.

Platon, der klügste Schüler des Sokrates, denkt tiefer über das Glück nach und rät, das scheinbare Glück durch Reichtum, Macht und Ansehen vom wahren Glück zu unterscheiden. Nur so, davon ist Platon überzeugt, könne man gegen die falschen Versprechungen der hemmungslosen wortreichen Glückspropaganda von unseriösen Salonphilosophen, den Sophisten nämlich, gewappnet sein, die das Blaue vom griechischen Himmel versprechen. Was da im glücksverheißenden Angebot sei, das klinge zwar total super, in Wirklichkeit könne man aber nicht so mal auf die Schnelle glücklich werden. An ein bisschen Nachdenklichkeit führe kein Weg vorbei, und Nachdenklichkeit nannte man damals Philosophie, deswegen die elitär wirkenden Sprüche.

Glück, das konnte nach allem, was die bisherigen Philosophen sich ausgedacht hatten, jedenfalls nicht auf der kurzfristigen Befriedigung kurzfristiger Bedürfnisse beruhen, da war auch Platon sicher. In der Seele des Menschen müsse das Glück begründet liegen, ein guter Mensch, der ein rechtschaffenes Leben führt, müsse auch glücklich sein. Das klingt noch in Goethes Faust nach, wo Gottvater zu Anfang verkündet: »Ein guter Mensch in seinem dunklen Drange ist sich des rechten Weges stets bewusst.« Doch was heißt da eigentlich gut, fragt Platon. Jeder Mensch hat seine Macken und Schwächen, wer ist schon immer gut? Immer gut ist in Wahrheit nur der Gott, sagt Platon. Daher kann eigentlich kein Mensch wirklich glücklich werden.

Doch dann kommt die große platonische Lösung. Ausgerechnet der Staat soll's nun richten. Zwar hält der Grieche Platon den real existierenden athenischen Staat für total verrottet. Spätestens der Justizmord an dem vorbildlich guten Menschen Sokrates hatte klargemacht, dass von einer solchen »Polis« keine gute »Politik« zu erwarten war. Wer aber gute Politik will, so Platon, brauche gute Politiker. Das war zeitlos wahr, aber nicht gerade originell. Doch jetzt kommt Platon in Fahrt. Nur der Philosoph, sagt er, könne der göttlichen Idee des Guten nahekommen, die Voraussetzung für wirkliches Glück sei, indem er diese Idee in tiefem Nachdenken erkennt. Und – da ist Platon unglaublich optimistisch – wer das Gute erkennt, der tut es selbstverständlich auch. Damit aber nicht nur die Philosophen auf diese Weise glücklich werden könnten, sondern alle, müssten die Philosophen mit der Lenkung des Staates beauftragt werden. Sie allein könnten auf diese Weise allen das göttliche Glück vermitteln, indem sie jedem das Seine zukommen ließen. Der Staat als Volksbeglückungseinrichtung. Ein typisch griechischer Gedanke. Das ist allerdings nicht nur damals in Syrakus schiefgegangen, das ist bis in unsere Tage immer wieder schiefgegangen, auch wenn oder vielleicht sogar gerade dann, wenn Philosophen den Staat regieren. Ob Staatslenker nun marxistische Philosophie gelernt hatten oder sich in anderen utopischen Gedankengebäuden auskannten, ist da nicht so wichtig. Die platonische Lösung funktionierte jedenfalls in der Praxis nicht. Platon, der sich für seinen Philosophenstaat in äußerste Gefahren begeben hatte, sogar mal kurz überfallen und als Sklave verkauft wurde, zog sich resigniert aus Syrakus zurück.

Freilich war das Syrakus-Projekt eher nur als Volkshochschule des Glücks geplant. Die hohe Schule des Glücks sollte erst durch die platonische Akademie in Athen Wirklichkeit werden. Dort sollten auserwählte Schüler nicht irgendetwas, sondern erst einmal sich selbst erkennen. Sie sollten lernen und erleben, dass echtes Glück nicht bloß ein Leben nach Lust und Laune ist. Nicht jemand, der den ewigen Spaß verkündet – wie in unseren Tagen Dieter Bohlen –, habe die Chance, wirklich glücklich zu werden. Ein wahrhaft glücklicher Mensch sei zum Beispiel Sokrates gewesen, weil er auch ein wahrhaft guter Mensch gewesen sei. Und da man Tugend lernen könne, könne man auch Glück lernen. Echtes Glück sei also nicht bloß irgendein momentanes Gefühl, echtes Glück werde durch vernünftige Einsicht des Philosophen in das göttlich Gute, Wahre und Schöne angestrebt, auf dass man nach dem Tod, nach der Befreiung vom lästigen Leib, auf den »Inseln der Seligen« frei von allem Übel in voller Glückseligkeit leben könne. Allein im diesseitigen Leben unvermeidlich glücklich werden, das war mit Platon nicht zu machen. Nach einem anstrengenden Leben blieb Platon bei seiner Überzeugung, dass nur dann, wenn es ein jenseitiges Leben der Seele gibt, auf wahres Glück zu hoffen sei. Nur so kann der gerechte Sokrates im Angesicht des Todes als der glücklichste Mensch bezeichnet werden. Das ist freilich nicht das Glück der »Glücksspirale«.

Obwohl Platons süditalienische Volkshochschule scheiterte und seine Akademie im Jahre 529 nach Christus von Kaiser Justinian aufgelöst wurde, sind die Gedanken des großen Atheners bis heute lebendig. Jenseits all seines philosophischen Überschwangs können wir von Platon lernen, dass Glück nicht bloß das bloße Zufallsglück sein kann, das passiv erlittene oder genossene Geschick. Glück bedeutet auch Tätigsein, also in Freiheit gut denken und gut handeln zu können, so wie es dem eigenen Wesen entspricht. Vor allem preist Platon die Freude geistiger Beglückung. Wer nicht über sinnliche Genüsse hinauskommt, wird unglücklich. Und schließlich gibt Platon zu Recht zu bedenken, dass Menschen nicht in *splendid isolation* glücklich werden können, weil sie Gemeinschaftswesen sind. Dass er deswegen auf die Idee der Staatsbeglückung verfällt, ist ein Ausrutscher nach dem Motto »Nobody is perfect« – auch ein Philosoph leider nicht, selbst wenn er Platon heißt.

Damit haben wir aber schon einen Begriff eingeschmuggelt, der eigentlich gar nicht von Platon ist, sondern von seinem Meisterschüler Aristoteles, der später sein geistiger Gegenspieler wurde. Der war es nämlich, der den Menschen als *zoon politikon*, als Gemeinschaftswesen, beschrieb. Aristoteles bestritt nicht den besonderen Zugang der Philosophie zum Glück, aber anders als Platon hielt er jeden Menschen grundsätzlich für glücksfähig und versprach sich die Erfüllung allen Glücks nicht erst in einer jenseitigen Welt. Wie in der Philosophie üblich sind damit die Gedanken des angesehenen Athener Adeligen Platon nicht »widerlegt«. Vielmehr bietet der bürgerliche Intellektuelle aus der Provinz, Aristoteles, eine andere Sichtweise, und beide so unterschiedlichen großen Geister haben den Philosophen aller Zeiten bis heute zu denken gegeben.

Aristoteles schaut nicht wie Platon abgeklärt aus einer jenseitigen idealen Welt göttlicher Theorie auf den Menschen und sein alltägliches Glücksstreben herab, sondern er beobachtet scharfsinnig sozusagen an der Basis, wie die Menschen in der Praxis das Glück suchen. Er selbst war ein unglaubliches wissenschaftliches Universalgenie. Das sah man ihm aber nicht an, denn er war »schwach auf den Beinen und kleinäugig«, wie berichtet wurde, und schmückte sich gerne mit ein bisschen Luxus. Der Lehrer Alexanders des Großen war kein Kostverächter. Aristoteles also sagt, dass jeder Mensch nach Glück strebe, das heißt, jeder Mensch will gut leben, nicht nur mal eben kurz, sondern nachhaltig gut: »Eine Schwalbe macht noch keinen Frühling«, sagt Aristoteles. Glück ist das höchste Ziel des Lebens. Und glücklich wird der Mensch, wenn er sich unter Einsatz seiner Vernunft aktiv darum bemüht, mit Tugend und Tüchtigkeit seinen natürlichen Anlagen und Eigenschaften entsprechend zu leben. Ausdrücklich findet Aristoteles, dass dem Glück auch Lust beigemischt sein müsse, vor allem Lust an der Weisheit. Die Philosophie des Aristoteles hat etwas Dynamisches, Tätiges. In Olympia, sagt Aristoteles, werden nicht die Schönsten und die Stärksten bekränzt, sondern diejenigen, die kämpfen und siegen. Peripatetiker, Herumläufer, nannte man die Schule des Aristoteles in Athen, weil die aristotelischen Philosophen unablässig umherwandelten. Glücklich sein kann der Mensch nach Aristoteles aber nie alleine, dazu gehören andere Menschen, Familie, Kinder, Freunde. Und da kommt auch der Staat ins Spiel, die Polis. Endziel des Staates sei das Glück der Bürger, sagt Aristoteles. Der Staat ist bei Aristoteles aber kein abenteuerliches Fantasieprojekt, wie bei Platon, sondern es ist der wirkliche gute Staat, der trotz mancher Fehler nicht bloß wenigen, sondern vielen sittliche Ordnung vermittelt, aber auch Kultur und Wissenschaft als Basis für persönliches Glück. Der Mensch wird zum eigentlichen, zum gebildeten, zum glücksfähigen Menschen erst als Bürger eines Staates. Daher können nach Aristoteles Kinder und Jugendliche nicht glücklich sein, und Ungebildete, also Leute, die partout keine Bücher lesen würden, nennt Aristoteles Idioten. Damit erklärt er Sie, lieber Leser, übrigens für zweifelsfrei glücksfähig. Muße braucht man zum wahren Glück, also völlig zwecklos, aber höchst sinnvoll verbrachte Zeit. Mußezeit ist keine Arbeitszeit und schon gar keine Erholungszeit für Arbeit. Im Gegenteil. Wir arbeiten, um Muße zu haben, sagt Aristoteles. Muße ist aber auch keine einfach passiv und lustlos verbrachte leere Zeit, also keine bloße Freizeit. Muße ist vielmehr intensiv gelebte Zeit, in der man über die Welt und die Menschen nachdenkt, sich mit Freunden trifft oder Kunst betrachtet. Freilich ist für den dynamischen Aristoteles Glück immer auch ein Tätigsein in der nachdenklichen müßigen Betrachtung. Jeder freie Bürger kann Glück auf diese Weise in der Muße erleben. Im Übrigen glaubt aber dann auch Aristoteles wie sein Lehrer Platon, dass doch die Philosophen die glücklichsten Menschen sind, weil sie mit all ihrem vernünftigen Nachsinnen über die Welt und den Menschen dem Gott am nächsten sind, was, wie schon gesagt, meine Tante Cläre sicher auf die Barrikaden gebracht hätte. Was also lehrt uns Aristoteles über das Glück? Dass jeder glücklich werden kann, dass es dafür gut ist, Freunde zu haben, und dass man Zeit braucht für das Glück, entspannte Zeit.

Doch auch Aristoteles blieben schlimme Erfahrungen mit seinem geliebten Staat nicht erspart. Während Platon in Süditalien Wolkenkuckucksheime baute, musste Aristoteles mit ansehen, wie sein eigener Schüler Alexander der Große die Staaten, wie der Philosoph sie schätzte, vor die Hunde gehen ließ. Von den Launen des Alleinherrschers hingen nun Wohl und Wehe, Glück und Unglück der Bürger ab. Das Glück des Einzelnen stand da auf tönernen Füßen. So erlitt Aristoteles am Ende seines Lebens Schiffbruch. Er musste Athen wieder verlassen, um nicht wie Sokrates ein Opfer dieses Staates zu werden, und zog sich ins Private zurück.

b) Der Kampf um die Lust: Zenon, Epikur und warum Glück Käse ist

Da brachte ein ganz realer Schiffbruch vor Athen einen zypriotischen Kaufmann um seine ganze Ladung. Vom Glück schien er ganz verlassen. Frustriert schlenderte er durch Athen und trat in einen Buchladen ein, wie gewiss auch Sie, lieber Leser, als Sie ganz zu Recht dieses Buch erwarben. Als er so in ein paar Büchern blätterte, stieß er auf einige Worte des Sokrates, die ihn fesselten. Er fragte den Buchhändler, wo man heutzutage solche Leute finden könne, und sofort zeigte der auf einen Philosophen, der gerade auch im Laden stand. So begann eine der einflussreichsten philosophischen Schulen, die Stoa, mit dem fachgerechten Hinweis eines gut sortierten Buchhändlers. Daher ist es pervers, bei Amazon stoische Literatur zu bestellen. Zenon von Kition hieß der Kaufmann, er wurde nun selbst zum Philosophen und traf sich mit seinen Schülern immer in der *stoa poikile*, der bunten Wandelhalle am Marktplatz von Athen, daher der Name Stoiker. Ein Mann, der Schiffbruch erlitt, weiß um die Unsicherheit der Welt. Nicht auf den Staat, wie noch Aristoteles, setzt Zenon, wenn es um das Glück geht, sondern nur noch auf den einzelnen Menschen selbst. Und damit zieht natürlich die Psychologie in die Philosophie ein, die psychologische Befindlichkeit des Menschen wird entscheidend für das Glück. Zum ersten Mal ist von so etwas wie Persönlichkeit die Rede. Platon hatte sich nicht sehr um die menschliche Psyche gekümmert. Was ihn wirklich interessierte, war, das menschliche Erkennen dem Göttlichen näherzubringen. Aber er hatte immerhin doch gesagt, dass ein Leben ohne Lust und Unlust, ein Leben in Apathie nicht wünschenswert sei. Auch Aristoteles fand, wie Platon, dass Reichtum, Macht und sinnliche Genüsse allein nicht glücklich machen, aber wenn jemand durch die Betätigung von Tugend und Vernunft glücklich sei, könne etwas Lust dabei keineswegs schaden. Und genau da war Zenon ganz anderer Meinung. Unlust versklave den Menschen und Lust natürlich auch, denn wenn das Glück des Menschen von der Befriedigung der Lust abhängig sei, dann sei er abhängig von Wind und Wellen eines trügerischen Geschicks, das sei unwürdig. Glück gebe es nur durch Leidenschaftslosigkeit. Apathie ist das entscheidende Stichwort für Zenon. Zenon ist sozusagen der Missionar der Lustlosigkeit. Man müsse es schaffen, seine inneren psychischen Gefühle und Affekte, diese Krankheiten der Vernunft, völlig zum Schweigen zu bringen. Der Weise sei nur durch Vernunft gesteuert, und wenn er auf solche Art gemäß seiner Natur, in der das Göttliche wirke, tugendhaft lebe und also seine Pflicht tue, könne er die Wahrheit der Welt erkennen und das Glück, ja ewige Seligkeit erreichen. Nichts könne ihn so aus der Bahn werfen, selbst der Tod nicht. Wenn das Leben unerträglich werde, dann wähle der Weise den Tod selbst. Stoiker plädierten für den vernünftigen Suizid. Zenon selbst soll sich irgendwann einen Zeh gebrochen haben. Das sei unwürdig, entschied er, und brachte sich um. Die stoische Lehre wirkt kalt und lebensfern, aber sie reizte stets Menschen, die sich vom Pöbel unterscheiden wollten. Vollendete Stoiker – unvollendete durfte es gar nicht geben – waren kultivierte Vorbilder an Tugend und Unaufgeregtheit. Unerschütterlich gingen sie ihren Lebensweg und waren nicht selten ganz ergriffen von der eigenen Bedeutung. Freilich fehlte ihnen und schon ihrem Gründer Zenon das eigentlich Griechische, das Heitere, das Unbeschwerte. Der zypriotische Kaufmann Zenon lebt bedürfnislos und ist ernst und streng. So wird er auch später dargestellt, und das schätzten vor allem die Römer, denen ihre eigene Strenge ein ganzes Weltreich eingebracht hatte. Kaiser Augustus, dem alle Güter der Welt zu Gebote standen, stirbt als Stoiker in Gleichgültigkeit gegenüber aller Lust und aller Unlust. Doch starb Augustus wirklich glücklich?

Leidenschaftslos sollten die Stoiker eigentlich sein, doch bei einem Thema gingen ihnen regelmäßig die Pferde durch. Die Rede ist von Epikur. Was sie über diesen Philosophen an Schmähungen, Verleumdungen und Falschmeldungen in die Welt setzten, das ging wahrlich auf keine griechische Kuhhaut. Ein Säufer, ein Schlemmer, ein perverser Lüstling sei das, und was er seine Schule nannte, sei ein einziger Sauhaufen. Wenn Menschen, die aus Prinzip ihre Affekte beherrschen wollen, diese Affekte dann doch mal aus Versehen von der Leine lassen, kann man etwas erleben! Und so war das auch bei den Stoikern. Inzwischen wissen wir, was die Stoiker über Epikur und die Seinen in die Welt gesetzt hatten, war in Wirklichkeit ein 2000 Jahre lang wirksamer Rufmord der Leute von der Konkurrenz. Doch wer war dieser Epikur wirklich?

Im Grunde war Epikur ein typisch griechischer Philosoph. Entgegen aller Verleumdungen war auch für ihn vor allem die Seelenruhe Glück, wobei er allerdings die Lust nicht verachtete. »Die Lust ist Ursprung und Ziel des glücklichen Lebens«, formulierte er ziemlich knackig. Lust als Selbstzweck. Aber Achtung! Damit meinte er vor allem die Lust an Musik, Kunst und Philosophie. Epikurs Philosophie dreht sich, wie schon das Denken seiner stoischen Widersacher, vorwiegend um das Glück des Einzelnen. Wie man am klügsten glücklich wird, darüber dachte Epikur mit all seinem Scharfsinn Tag und Nacht nach. Die Gesellschaft, der Staat, die Politik interessierten ihn nicht. Freundschaft allerdings sei wichtig, um glücklich zu sein. In einem Garten traf er sich mit seinen Schülern, Lebensklugheit lehrte er sie. Er wollte sie anleiten, mit Leib und Seele glücklich zu sein.

Da war die Angst vor den Göttern, vor dem Tod und vor dem, was danach drohte. Gegen diese Angst empfahl Epikur Aufklärung. Aufklärung durch nüchterne Naturwissenschaft und schlichte Logik. Allerdings eine sehr spezielle Epikur'sche Naturwissenschaft und eine sehr spezielle Epikur'sche Logik. Die Sonne, so erklärte er seinen Schülern, sei genau so groß, wie man sie sehe, also etwa zwei Finger breit, und auch mit Logik haperte es etwas. Wenn jemand sich vernünftig klarmache, dass Götter, wenn es sie denn überhaupt gebe, keinerlei Einfluss auf den Gang der Welt haben könnten, da die Natur bestens ohne Götter funktioniere, brauche man keine Angst vor Göttern zu haben. Epikur schickte die Götter also einfach in Rente, damit sie nicht störten. Er parkte die Himmlischen in einer Zwischenwelt, in der die Menschen sie nicht erreichten, sie aber auch die Menschen nicht. Wie sollte jemand vor solchen Göttern auf Dauerurlaub ernsthaft Angst haben? Das war allerdings nicht sehr logisch, denn Götter ohne jede Macht sind gar keine Götter. Und auch den Tod, lehrte Epikur, brauche man nicht zu fürchten, denn solange man da sei, sei man nicht tot, und wenn man tot sei, sei man nicht mehr da. Wenn das so einfach wäre.

Die Philosophie ist nach Epikur die Kunst des glücklichen Lebens. Gegenüber den gravitätisch und bierernst daherkommenden Stoikern ging es in Epikurs Garten heiter und gelassen zu: Man solle die Süße des Lebens lustvoll genießen, aber immer in Maßen. Epikur ist ein Genussoptimierer, Exzesse waren ihm ein Gräuel. Wer sich den Bauch vollschlage, habe nachher keinen Genuss, sondern Bauchschmerzen. Wer sich besaufe, verneble sich bloß die Lust am Leben. Sex bringe keinen Nutzen, man könne froh sein, wenn er nicht schade. Auch alle anderen Genüsse seien nur in maßvoller Dosis empfehlenswert. Ein Stück Käse solle er ihm schicken, bittet Epikur einen Freund, denn ein kleines Stück Käse, das sei für ihn das größte Glück. Von wegen Prasserei! Lust, das ist für den lustliebenden Epikur eben nicht die Lust des Schlemmers, sondern Schmerzlosigkeit für den Leib und Freiheit von Verwirrung für die Seele. Das reiche schon, um glücklich zu sein. Allerdings war man in Epikurs Garten tatsächlich etwas weit weg von der Welt, man war sich selbst genug. Epikur, das war im Grunde auf kultivierte Weise Egoismus pur, Glück als Selbstbefriedigung.

c) Aussteiger: Diogenes und Plotin –
Glücklich vergammeln und glücklich verfaulen

»Majestät mögen mir bitte aus der Sonne gehen!« Das war der einzige Wunsch, den Diogenes von Sinope an Alexander den Großen richtete, als der ihm in Korinth einen Besuch abstattete. Alexander hatte ihm gerade die Frage gestellt, die Diogenes am meisten fürchten musste: Was möchtest du, dass ich dir schenke? Hätte Diogenes der Versuchung nachgegeben und vom großen Alexander nur ein winzig kleines Geschenk erbeten, er hätte sein ganzes Leben als Lüge entlarvt. Denn Diogenes lehrte einen ganz anderen Weg, glücklich zu werden, als Epikur. In Epikurs Garten konnte man erfahren, wie man seine Bedürfnisse kultiviert befriedigte, von Diogenes dagegen konnte man lernen, einfach gar keine Bedürfnisse zu haben. Diogenes lebte in einer Tonne. Er war das, was man heute einen Performance-Künstler nennen würde. Er lebte das, was er lehrte: absolute radikale Bedürfnislosigkeit. Zwar hatte schon Sokrates verkündet: »Wie zahlreich sind doch die Dinge, deren ich nicht bedarf.« Doch Diogenes lebte das demonstrativ als ein wahrer Bürgerschreck: Öffentlich in seiner Tonne aß er. So etwas tat man nicht. Öffentlich in seiner Tonne hatte er Sex an und für sich. So etwas tat man schon gar nicht. Und schließlich, so erzählte man sich, fehlte ihm auch völlig das Bedürfnis, sich zu waschen, was ihm lästige Gespräche ersparte, da man es in seiner Nähe wegen des Gestanks nicht lange aushielt. Die äußeren Zufälle des Lebens konnten Diogenes nichts anhaben, denn jeder Mensch, das lehrte er, trage die Bedingungen zu seinem Glück in sich selbst. Tugend führe zum Glück, da war er sich mit Sokrates einig. Und so beantwortete Diogenes die Frage nach dem Glück zwar weniger pessimistisch als der Selbstmordprediger Hegesias, aber dass ein befriedigendes Leben wirklich möglich sei, da war auch er skeptisch. Glück, das gab es allenfalls in der Tonne, aber wer will das schon?

So zeigen die Griechen auf der Suche nach dem Glück eine quirlige geistige Lebendigkeit. Man dachte kreuz und quer, primitiv und kultiviert, war sich einig und widersprach sich aufs Heftigste. Von Platons entrücktem Glück auf den Inseln der Seligen über den heiteren Garten Epikurs bis zur stinkenden Tonne des Diogenes hat man wirklich alles versucht. Nichts davon ist bis heute widerlegt, denn große Philosophie bleibt für immer anregend. Wie viele Menschen erhoffen auch heute noch das Glück vor allem vom Staat, von einem idealen Staat wie bei Platon oder von einem realen Staat wie bei Aristoteles! Wie viele andere Menschen wollen auch heute wie Zenon unter allen Umständen selbstbeherrscht leben und eigenwillig sterben! Und ist nicht Epikur auch heute das geheime Vorbild derjenigen, die vor allem Spaß am Leben haben wollen? Dennoch, ob man mit dem, was wir von den alten griechischen Philosophen lernen können, tatsächlich unvermeidlich glücklich werden kann, das steht dahin.

Und wo sind eigentlich die Frauen bei den alten Griechen, wenn es um das Glück geht? Platon hatte es nicht so mit Frauen. Aristoteles hatte gleich mehrere. Hintereinander, versteht sich. Aber zu sagen hatten die auch nichts, jedenfalls nichts zum Aufschreiben. Frauen kommen zumindest in der griechischen Philosophie eigentlich nicht vor. Goethe lässt seine griechische Iphigenie auf Tauris sagen: »Der Frauen Schicksal ist bedauerlich«, was sie nicht daran hindert, das Land der Griechen mit der Seele zu suchen. Die

Abwesenheit der Frauen in der griechischen Philosophie hatte vielleicht damit zu tun, dass das große philosophische Vorbild Sokrates eine schrecklich tyrannische Ehefrau hatte, die berüchtigte Xantippe. Es hieß, er sei immer wieder auf den Marktplatz geflohen, um seiner fürchterlichen Frau zu entkommen. Das bedeutet allerdings im Umkehrschluss, dass die tiefen Dialoge des Sokrates nie stattgefunden hätten, wenn er am warmen heimischen Herd ein liebendes Eheweib vorgefunden hätte. Also doch eine Frau am Ursprung der abendländischen Philosophie? Der griechische Mythos ist jedenfalls viel besser mit den Frauen umgegangen als die griechischen Philosophen. Als der junge Muskelmann Herakles am Scheidewege stand, weil er nicht wusste, was er mit seinem Leben anfangen sollte, da traten zwei schöne Frauen auf ihn zu. Jede von ihnen versprach ihm Glück, die eine schrill geschminkte das mühelose Glück der Lustbefriedigung, die andere anmutige das göttliche Glück durch Tugend. Herakles aber folgte der Tugend, die zwar Mühen und Fleiß verlangte, dann aber tiefere Befriedigung versprach. Eine Frau wies den Weg zum wirklichen Glück. Und auch am Tisch der Götter war es eine Frau, die kluge Athene, die als Hüterin von Wissenschaft und Kunst amtierte. Wenigstens das haben die Griechen den Frauen zugestanden, dass die größten Leistungen des griechischen Volkes beim olympischen Festmahl der Götter von einer göttlichen Frau repräsentiert wurden.

Die Römer liebten den Muskelmann Herakles, den sie Herkules nannten, und hatten auch philosophisch nicht viel Eigenständiges zu bieten. Sie waren ursprünglich ein Volk von Bauern und Soldaten, hatten also mit meiner Tante Cläre mehr gemeinsam als mit Platon und Aristoteles. Doch als sie schließlich zur Weltherrschaft gelangt waren, zog auch bei ihnen der griechische Geist ein. Sie lebten wie Epikur, dachten wie die Stoiker, und schließlich wurden sie sogar begeisterte Neuplatoniker, das heißt, sie richteten auf der Suche nach dem Glück den Blick wieder mehr ins Jenseits, wie Platon es 700 Jahre vorher gemacht hatte. Ermüdet von den Kriegen der Soldatenkaiserzeit strömten die vornehmen Römer in die Vorlesungen des Philosophen Plotin, selbst der Kaiser ließ es sich nicht nehmen. Plotin zeigte geradezu einen Abscheu vor allem Sinnlichen. Er verachtete den Leib und leibliche Genüsse so sehr, dass er sich sogar weigerte, seinen Geburtstag zu feiern, jenes betrübliche Ereignis, bei dem sich seine edle unsterbliche Seele leider mit dem garstigen Leib verbunden hatte. Ganz anders als der geizige Dagobert Duck, der Geburtstage hasste, weil man da irgendwelchen Leuten teure Geschenke kaufen muss (ich danke für den Hinweis meiner Tochter Josefine). Plotins Schüler Porphyrios sollte später von seinem Lehrer sagen: »Plotin glich einem Manne, der sich schämt, im Leibe zu sein.« Hinauszustreben aus dieser irdischen Welt, darum ging es Plotin mit seiner ganzen Philosophie. Glück, das gab es nur in der jenseitigen Vereinigung der unsterblichen Seele mit Gott. Ahnungen davon hatte Plotin schon bei ein paar ekstatischen Zuständen gehabt, ein Aussteigerglück vom Feinsten.

d) Glückssucher: Augustinus, Thomas und das alte Mütterchen

Man sollte denken, mit so einer Auffassung hätten die Christen keine Probleme gehabt. Immerhin hatte der große christliche Theologe Origenes zusammen mit Plotin in Alexandria als Schüler zu Füßen des Platonikers Ammonios gesessen und Philosophie gepaukt. Auch der Lehrer des Abendlandes Augustinus hatte von Platon viel gelernt. Allerdings war Augustinus auf einem ziemlich kurvenreichen Weg zum Christentum gekommen. Glück hatte er als junger Mann in der sinnlichen Lust gesucht, dann umgekehrt in ihrer Verachtung und schließlich in ihrer theoretischen

Verachtung und praktischen Anwendung. Das Ergebnis war ein uneheliches Kind, das er immerhin Adeodatus nannte, von Gott geschenkt, was seine tieffromme christliche Mutter Monika keineswegs beglückte. Schonungslos berichtete er über all diese Irrungen und Wirrungen in seinen auch heute noch höchst lesenswerten »Bekenntnissen«, dem ersten psychologischen Buch der Weltliteratur. Die Begeisterung für Platon hatte Augustinus den Blick geöffnet über diese Welt hinaus. Aber in seiner unsteten Suche nach der Wahrheit, nach dem Ein und Alles seines Lebens, landete er nicht beim All-Einen des Plotin, nicht bei einer Idee, wie die Platoniker, sondern bei einer Person. Glück, davon ließ sich Augustinus schließlich überzeugen, konnte er nur in der Nachfolge des Juden Jesus von Nazareth finden und nicht in den heiteren Hainen der griechischen Weisen. Denn ewige Glückseligkeit hieß für Augustinus nicht, dass seine Seele sich, wie Plotin es noch ersehnt hatte, irgendwie im All-Einen auflöst. Im Gegenteil. Zu sehr war Augustinus selbst unverwechselbare individuelle Person, ziemlich speziell sogar, zu sehr glaubte er an einen persönlichen Gott, der selbst speziell Mensch geworden war, zu sehr liebte er diese spezielle Welt mit allen Sinnen, als dass er den philosophischen Tod eines Plotin erstrebt hätte, der sich am Ende seines Lebens vor lauter Vorfreude aufs ewige Glück sehnsuchtsvoll verfaulen ließ. Augustinus glaubte mit den Christen an das ewige Leben der Menschen mit Leib und Seele. Er bekannte sich zum christlichen Glauben an die Auferstehung des Fleisches, die besagte, dass der Mensch dermaleinst mit einem verklärten Leib ewig leben werde, eine Horrorvorstellung für einen Mann wie Plotin. Gegenüber der schicken vergeistigten neuplatonischen Philosophie kam das Christentum also sinnenfroh daher. Die Christen waren keine Aussteiger. Der Jude Jesus pries Menschen glücklich, die mitten in dieser Welt anderen Menschen halfen. Er nahm an Festmählern teil und hielt seine Jünger nicht zum Wassertrinken an, sondern schickte sie immer wieder in den Weinberg. Glück, das gab es für Christen schon in dieser Welt.

Doch Augustinus und mit ihm die philosophierenden christlichen Theologen des Mittelalters setzten sich keineswegs schroff ab von den heidnischen Denkern der Vorzeit. Schon Clemens von Alexandrien hatte im zweiten nachchristlichen Jahrhundert gerade in den antiken Philosophen die Vordenker des Christentums gesehen. Die aber hatten dem Volk und den Behörden zumeist als Atheisten gegolten, weil sie gewöhnlich die heidnischen Götter nicht ehrten. Die Himmlischen milde zu stimmen und sie wenigstens nicht zu reizen, daran, so glaubten Volk und Behörden, hing das Glück des Staates. Tatsächlich aber hatte Sokrates nicht in den fantasievollen Mythen der griechischen Götterwelt die Wahrheit gefunden, sondern er gewann im Nachdenken und im Gespräch mit den Menschen – was für ihn ein und dasselbe bedeutete – die Gewissheit, dass es nicht viele Götter, sondern nur einen Gott geben könne. Glück als Verhängnis, das nach der Laune der Götter durch die Zufallsgöttin Tyche geschickt oder entzogen wurde, das war höchstens eine Frage für babylonische Astrologen, aber nicht für griechische Philosophen. Der Weise ist glücklich, weil sein Glück von ihm selber abhängt, denn leben heißt für ihn denken, und seine Gedanken denkt er selbst.

Was immer die griechischen Philosophen untereinander radikal unterschied, Götterglaube, also Schicksalsglaube, Fatalismus, war ihnen allen fremd. Deswegen war Sokrates wegen Atheismus zum Tode verurteilt worden, und auch die frühchristlichen Märtyrer mussten wegen Atheismus vor die Löwen. Nur wer Glück irgendwie als Ergebnis selbstbewussten Nachdenkens selbstbewusster Menschen erhoffte, da waren sich die alten Griechen und die jungen Christen einig, konnte sich mit Recht Philosoph nennen.

Das frühe Christentum stellte sich ganz entschieden in diese philosophische Tradition. Man achtete sorgfältig darauf, nicht mit dem veräußerlichten Götterglauben der Heiden verwechselt zu werden. Die Kirchengebäude vermieden absichtlich jede Ähnlichkeit mit Tempeln. Augustinus lebte mit Freunden zusammen in einer heiteren Wohngemeinschaft, und man philosophierte von morgens bis abends, aber man betete auch, freilich nicht, um launische Götter milde zu stimmen. Auch die Christen suchten das Glück, und wie die neuplatonischen Philosophen erwarteten sie die Fülle des Glücks allerdings nicht auf Erden, sondern im Himmel bei Gott. Freilich erhofften sie im Jenseits nicht Auflösung der Person, sondern das totale Glück in der Anschauung Gottes. Zugleich aber verachteten sie wie die Juden das irdische Leben keineswegs. Wenn Gott selbst sich nach christlicher Lehre nicht geschämt hatte, einen Leib anzunehmen, dann durfte sich auch kein Mensch seines Leibes schämen, wie Plotin das wohl getan hatte. Leute, die es im Überschwang gar nicht erwarten konnten, diesen Leib zu verlassen und dadurch ewiges Glück zu erwerben, dass sie sich zum Martyrium meldeten, wurden aus der Großkirche ausgeschlossen. Das passierte immer wieder mit »Ketzern«, also mit Leuten, die sich selbst als »die Reinen«, die »Katharoi«, verstanden, die alles Irdische verachteten und mit Gewalt einen freudlosen Himmel auf Erden durchsetzen wollten. Der einzelne lebendige Mensch als Person stand ganz im Mittelpunkt des Hauptstroms der christlichen Philosophie, denn Gott war ja Mensch geworden und hatte dadurch den Menschen selbst auf göttliches Niveau gehoben. »Im inneren Menschen wohnt die Wahrheit«, sagt Augustinus. Der heilige Augustinus ist der Erfinder der psychologischen Selbsterfahrung. Deswegen auch das Interesse für Psychologie, menschliche Psychologie, und auch für das Glück, menschliches Glück. Damit ging es dieser Religion nicht vor allem um die Eitelkeiten neidischer Götter oder die Ehre eines einzelnen Gottes, sondern das

Glück des Menschen bekam selbst religiöse Bedeutung. Augustinus schreibt ein ganzes Buch über das Glück.

Der Mensch ist geschaffen, um glücklich zu werden, das ist ein Gedanke des Augustinus, der das Denken des ganzen Mittelalters beherrschen wird und der noch Dietrich Bonhoeffer im KZ aufrechterhalten hat, als er im letzten Gedicht, bevor er ermordet wurde, schrieb: »... o Herr, schenk unsern aufgescheuchten Seelen das Heil, für das du uns bereitet hast«. Nicht »das Heil, das du für uns ...«, sondern »das Heil, für das du uns ...«, was ein wichtiger Unterschied ist. Freilich ist für die frühen christlichen Glücks-Philosophen das Glück nicht etwas, das sich jeder Mensch einfach selbst fabrizieren kann, das Glück kommt von Gott. Damit wird das Glück zugleich demokratisiert, denn es ist nicht mehr bloß einem kleinen elitären Kreis von Philosophen oder Ekstatikern vorbehalten, die sich durch mühsames Denken und ein opfervolles Leben zum Glück vorrobben. Das Glück ist nun für alle da und von allen erreichbar. Im Gottesstaat des Augustinus herrschen nicht die Philosophen des platonischen Idealstaats, im Gottesstaat herrscht ein gnädiger Gott. Vom Jenseits aus strahlt das zu erwartende ewige Glück ins irdische Leben hinein. Ein Glück für jeden, nicht nur für Christen, sondern auch für Menschen, die noch auf der Suche sind. In seinem Glücksbuch schreibt Augustinus: »Wer Gott sucht, hat folglich einen gnädigen Gott, und jeder, der einen gnädigen Gott hat, ist glücklich. Glücklich ist also auch der, der sucht.«

Doch war dieses irdische Leben nur wie der Mond, der sein Licht von der Sonne des ewigen Lebens empfängt? War irdisches Glück bloß Abglanz der himmlischen Glückseligkeit? Oder leuchte nicht in der Schönheit der irdischen Schöpfung selbst das Licht des Schöpfers auf, wie Franz von Assisi, der große Performance-Heilige des Mittelalters, klargemacht hatte, wenn er den Vögeln predigte und »Schwester Sonne« und »Bruder Mond« besang? War nicht auch irdisches Glück von eigenem köstlichen Reiz, das Glück, das Petrarca empfand – der nicht zufällig mit Vornamen Francesco hieß –, als er im Jahr 1336 in der Provence den Mont Ventoux bestieg und der Menschheit erstmals seit tausend Jahren wieder eine Naturbeschreibung schenkte? Konnte man also von der griechischen Philosophie nur den himmlischen Platon und die Folgen übernehmen, oder war da nicht noch Aristoteles, der Irdischere der beiden siamesischen Zwillinge? Seine Texte waren verloren, dachte man. Doch da passierte etwas Ungeheures. Plötzlich verbreitete sich die Nachricht in Europa, dass die Werke des Aristoteles anderthalb Jahrtausende nach seinem Tod wiederentdeckt worden waren. Bei den Arabern hatten sie überdauert, von ihnen erhielt das Abendland Kunde über die eigenen geistigen Wurzeln. Kaum weniger epochal als die Entdeckung Amerikas durch Columbus war die Entdeckung dieses geistigen Kontinents. Aristoteles, das war neben Platon der fruchtbarste Philosoph der Antike gewesen. Und das Erstaunliche war nun, dass die christlichen Denker diesen heidnischen Philosophen keineswegs fürchteten. Ehrfürchtig geradezu nahmen sie seine Texte auf. Thomas von Aquin, der geistreichste Kopf seiner Zeit, nennt Aristoteles bewundernd den Philosophen schlechthin. Das hat Folgen. Das Glück, davon war jetzt auch Thomas von Aquin überzeugt, geschieht schon in dieser Welt, wenn Menschen sich um ein rechtschaffenes Leben mühen, unvollkommen zwar, doch voller Verheißung auf das vollkommene Glück bei Gott. So jedenfalls interpretiert der Christ Thomas seinen Aristoteles. Das Glück ist ans Handeln gebunden. Thomas betont auch wieder das »Demokratische« des Christentums. Wenn er seine hochgescheiten Thesen entwickelte, dann fragte er stets am Ende, ob die *vetula*, das alte Mütterchen, so handeln würde, wie er das jetzt für gut befunden hatte. Und wenn er zum Ergebnis kam, das würde die nicht so tun, dann hat er seine Theorie verworfen. Meine

Tante Cläre hätte gejubelt. Für Thomas von Aquin ist jeder Mensch glücksfähig.

So gewinnt die irdische Welt in Italien wieder an Wertschätzung in der Spiritualität des Franz von Assisi, im Denken des Thomas von Aquin, in der realistischeren Kunst eines Giotto. Die Renaissance lässt dann nicht bloß die alten Götter wiederauferstehen, sie entdeckt auch die alten Philosophen wieder. 900 Jahre hatte die platonische Akademie in Athen bestanden. 900 Jahre war es nun her, dass Kaiser Justinian sie geschlossen hatte, doch jetzt wurde sie in Florenz wiederbegründet. Man nahm den Mund ziemlich voll und nannte alles, was in der Zwischenzeit geschehen war, abschätzig die mittlere Zeit, das Mittelalter. Allerdings wurde in Florenz nicht wirklich neu gedacht. Man führte vor allem die alten Griechen wieder auf, gab sich griechische Namen, trug griechische Gewänder und war auf Griechisch glücklich. Auch in Malerei, Bildhauerei und Architektur war das Goldene Zeitalter in Florenz eine glückliche Zeit.

2
WIE DAS GLÜCK IN UNORDNUNG GERIET UND WIE EIN MERKWÜRDIGER JUNGGESELLE WIEDER FÜR KLARHEIT SORGTE

Doch gegen all das erhebt sich Widerspruch. Der deutsche Mönch Martin Luther hat keinen Sinn für italienische Kunst. Die griechische Philosophie ist ihm zuwider, Aristoteles nennt er einen »ranzigen Philosophen«. Die Werke des Thomas von Aquin will er verbrennen lassen. Nur die Bibel soll zählen, die Bibel allein. Das Glück sei kein gutes Ziel, sagt Luther. Wenn Gott verlange, aufs Glück zu verzichten, dann müsse man auch das tun. Wenn nur die göttliche Gnade zählt, ist das Streben nach Glück Anmaßung. Damit zerschmettert der temperamentvolle Mönch aus dem kalten Norden all das, was man 2000 Jahre lang in heiteren südlichen Gefilden über das Glück gedacht hatte. Nur durch Gnade könne man glücklich werden, sagt Luther, und die Gnade sei die Gnade Gottes, nicht das Werk des Menschen. Ende der Ansage.

Von diesem Paukenschlag musste sich die Menschheit erst einmal erholen. Auch Luther war sich nicht immer sicher, ob er noch seiner eigenen Meinung war. Er selbst liebte das gute Leben und erschrak immer wieder, wenn andere Leute die strengsten Konsequenzen aus seinen Lehren zogen. Das galt nicht nur für die »räuberischen Rotten der Bauern«, die ihn falsch verstanden hatten, sondern auch für Jean Calvin, den düsteren Genfer Reformator, der sich in seinem Furor selbst von Martin Luther nicht hätte zur Räson bringen lassen. Das schmälert nicht die Verdienste der Reformatoren, wenn sie für die Freiheit der Christenmenschen stritten und Missstände anprangerten. Das Glück jedenfalls war da eigentlich kein Thema mehr. Die katholische Kirche hielt zwar an ihrer Hochschätzung des Glücks fest und feierte nach ihrer eigenen Reform auf dem Konzil von Trient das Gute, Schöne und Wahre in diesem Leben in den sinnlichen Kunstwerken des Barock, die freilich stets aufs jenseitige Glück bei Gott hindeuteten. Doch es war etwas zerbrochen.

So machte sich die Neuzeit nun ihren eigenen Reim auf das Glück, ohne Jenseits, ohne Gott, ohne Theologen. Für René Descartes wird das Glück zum Ziel der Wohlfahrt der Menschheit. Thomas Hobbes macht wie immer den neuen Wilden und wirft kurzerhand die ganze Philosophiegeschichte über Bord. Trotz extremer sonstiger Unterschiede waren sich die griechischen Philosophen doch völlig einig, dass bloße Lustbefriedigung nicht wirklich glücklich machen konnte. Das dachte sogar der Genussoptimierer Epikur, obwohl man ihm böswilligerweise ganz anderes unterstellte. Und das, was man Epikur böswillig unterstellte, das gibt Thomas Hobbes nun als den letzten Schrei der Philosophie aus. Thomas Hobbes findet, Glück sei das clevere Fortschreiten von einer Lust zur anderen, also etwa das, was heutzutage Dieter Bohlen für Glück hält. Damit wäre er wegen nachgewiesenen Banausentums aus jeder antiken Philosophenschule herausgeflogen, aber mit so etwas konnte man immer schon Aufsehen erregen. John Locke treibt es dann noch ärger. Bei ihm ist Glück noch nicht einmal eine Steigerung der Lust, sondern jedes

Ausleben von Lust heißt bei Locke Glück. Es ist die Rehabilitation des Puffs durch die Philosophie. In Frankreich ist es Malebranche, der Glück ganz ähnlich ausschließlich im persönlichen Feeling sucht. Damit ist aber jetzt eigentlich auch die Philosophie mit dem Glück am Ende, denn auf solche Ideen käme auch Dieter Bohlen, der von sich selbst gewöhnlich nicht allzu bescheiden denkt, sich aber dennoch nachweislich noch nie als Philosophen bezeichnet hat.

Dann wurde es sogar noch makaber. Wenn Leute mal anfangen, Unsinn zu denken, dann wird der Unsinn oft auch konsequent zu Ende gedacht. Da es ohnehin beim Glück offenbar nicht mehr um das Gute, das Schöne und das Wahre geht, sondern bloß noch um angenehme psychologische Zustände, Glücksgefühle also, ist die Herstellbarkeit solcher Zustände von höchstem Interesse. Technik ist gefragt, Glückstechnik. Im Frankreich des 18. Jahrhunderts äußert sich fast jeder, der lesen und schreiben kann, zu diesem Thema. Wenn Wahrheit beim Thema Glück keine Rolle mehr spielt, sondern nur noch die Glücksgefühle, gibt es also keinen entscheidenden Unterschied mehr zwischen eingebildetem und wahrem Glück. Daher empfiehlt man zum Beispiel konsequent Drogen zum Herstellen von Glücksgefühlen, und man empfiehlt auch ständige Steigerung der Glücksgefühle, damit das Glück andauere. Der Hirnforscher Detlev B. Linke hat darauf hingewiesen, dass man inzwischen weiß, wo im Gehirn Glücksgefühle produziert werden. Man könnte sich also eigentlich auf eine Intensivstation legen und diese Hirnregion dann ständig reizen lassen, um so ein permanentes euphorisches Glücksgefühl zu produzieren. Ich habe noch niemanden getroffen, dem ich das erzählt habe und der nicht mit Entsetzen reagiert hätte. Niemand wollte das. Doch die Glückstechniker des 18. Jahrhunderts waren derart auf Droge, dass sie so etwas wahrscheinlich für einen Höhepunkt der Menschheitsentwicklung gehalten hätten. Man will mit ausnahmslos allen Mitteln eine Maximierung der Lust, man will das Glück der Schweine. Das ist kein Scherz, das sagt man wirklich. Erst viel später wird John Steward Mill zu bedenken geben, dass es »besser sei, ein unbefriedigter Sokrates zu sein als ein befriedigtes Schwein«. Immerhin. Ein gewisser Bentham macht es sich zur Aufgabe, »das größte Glück der größten Zahl« mit Hilfe von Glücksberechnungen zu produzieren. Und dann knallt man völlig durch: Auch »Ruhe im Verbrechen« sei ein stilles Glück, lässt sich La Mettrie vernehmen. »Und ist es Wahnsinn, hat es doch Methode«, sagt Polonius in Shakespeares Hamlet. Denn tatsächlich, wenn man Wahrheit beiseite und nur noch Gefühl gelten lässt, ist das alles ganz konsequent. Aber auch konsequenter Unsinn ist Unsinn. So jedenfalls konnte es nicht weitergehen. Ratlosigkeit machte sich breit. Man hatte sich verirrt, aber sagen Sie das mal einem Philosophen!

In dieser Situation trat ein Mann auf, mit dem keiner gerechnet hatte. Die großen Debatten fanden damals eigentlich in Frankreich und in England statt, in Deutschland gab es höchstens einen Leibniz, der alles miteinander versöhnte, aber dabei nichts klärte. Da kam aus der Stadt Königsberg, weit im Osten Preußens gelegen, die Kunde, dass hier ein äußerst scharfsinniger Gelehrter mit klarem Verstand soeben Ordnung ins philosophische Chaos brachte. Und es geschah etwas, das es vorher und nachher in der Philosophiegeschichte nie gegeben hat. Dem Philosophen Immanuel Kant aus Königsberg gelang es mit einleuchtenden, geradezu zwingend logischen Argumenten, den Unsinn zu vertreiben und ein neues, ziemlich allgemein anerkanntes Fundament der Philosophie zu legen, auf dem dann neue, aber fruchtbarere kontroverse Debatten geführt werden konnten.

Kant war ein merkwürdiger Mensch. Deswegen werden viele Geschichten von ihm erzählt. So war er äußerst pedantisch und geradezu zwanghaft ordentlich. Wenn eine Schere nur etwas verschoben lag, machte ihn das unruhig, wenn ein Stuhl nicht mehr exakt am selben Platz stand, konnte ihn das in Verzweiflung stürzen. Was die Gesundheit betrifft, neigte er zu skurrilen Ansichten. Er war der festen Überzeugung, dass, wer zu lange schlafe, nicht alt werde. Deswegen – und auch wegen der Ordnung im Tageslauf – hatte sein Diener strengen Befehl, ihn morgens unbarmherzig zu wecken und alle Ausflüchte seines Herrn, ihn doch ein bisschen länger schlafen zu lassen, in den Wind zu schlagen. Das erinnert an Aristoteles, der beim Einschlafen eine Kugel in die Hand nahm. Wenn die dann im Tiefschlaf herunterfiel, wachte er auf und arbeitete weiter. Natürlich war jemand wie Kant nicht der geborene Ehemann. Dennoch gab es zwei aussichtsreiche Damen. Er konnte sich aber so lange nicht entscheiden, dass die Damen ihr Glück woanders suchten, wahrscheinlich zu ihrem Glück. Später fragte Kant süffisant, ob nicht verheiratete Männer »an ihren härteren Gesichtszügen den Zustand eines getragenen Jochs verraten«. – Eine Frechheit! Und dann ließ er noch Sätze vom Stapel wie den, dass unverheiratete Männer »mehrenteils länger ein jugendliches Aussehen erhalten als verehelichte«. Na ja.

Kant war durchaus witzig und geistreich. Sogar im höheren Alter bescheinigte man dem Junggesellen »die fröhliche Munterkeit eines Jünglings«. Vor allem aber war er höchst scharfsinnig, und er dachte äußerst präzise.

Dieser Immanuel Kant also machte gegenüber dem allgemeinen Glücksgeschwätz mit dem Schwung eines Aufklärers klar, dass Glückseligkeit, so wie er sie jetzt definierte, keineswegs das höchste Ziel des Menschen sein könne.

1. Glückseligkeit entsteht durch die Befriedigung natürlicher Bedürfnisse. Wenn aber die Bestimmung des Menschen sei, bloß seinen natürlichen Bedürfnissen zu folgen und dadurch glücklich zu werden, dann wäre es besser, er hätte bloß Instinkt und nicht auch noch Vernunft und Moral.

2. Der Mensch als frei handelndes vernünftiges Wesen ist aber nicht bloß ein Naturwesen, sondern auch ein Kulturwesen, dessen wahre Zufriedenheit über die Befriedigung seiner natürlichen Bedürfnisse hinausgeht.

3. Würde der Mensch die Befriedigung seiner natürlichen Bedürfnisse zu seinem obersten Zweck machen, könnte er nicht mehr frei und vernünftig und kultiviert handeln, sondern er wäre Sklave seiner natürlichen Triebe.

4. Kant beobachtet scharf, dass außerdem niemand wirklich wissen kann, wodurch man denn nun die Befriedigung aller ständig schwankenden natürlichen Bedürfnisse erreichen könnte, und vor allem könnten natürliche Bedürfnisse gar nicht wirklich endgültig befriedigt werden, da sie immer nur auf noch mehr Befriedigung aus seien.

5. Gegen all die Buchhalter des Glücks mit ihren Glücksbilanzen ist Kant überzeugt, dass je mehr ein vernünftiger Mensch sich mit dem Streben nach Glückseligkeit abgebe, desto weniger könne er wahre Zufriedenheit erreichen.

6. In Wahrheit also könne ein Mensch nur dann zufrieden sein, wenn er seiner praktischen Vernunft folge und aus Pflicht moralisch handle. »Nicht das ist gut, was glücklich macht, sondern nur das macht glücklich, was gut ist«, sollte Johann Gottlieb Fichte später kompakt formulieren.

Die Würde des Menschen, sagt Kant, liege geradezu in seiner Freiheit, auf das trügerische Glück schneller Bedürfnisbefriedigung zu verzichten, um so als von Naturzwängen freie moralische Person gut zu handeln. Und nicht anders als später Freud fügt Kant tiefernst hinzu: Die Entwicklung der Zivilisation erfolge nur auf Kosten der individuellen Glückseligkeit. Je komplizierter die Welt werde, desto komplizierter würden nämlich auch die Bedürfnisse und desto schwerer werde es dann fallen, diese Bedürfnisse zu befriedigen. Daher sei die Vollendung des Rechts und der Ewige Friede nur dann zu erlangen, wenn nicht die Glückseligkeit der Bürger das höchste Ziel des Staates sei.

Der Mensch, der in Freiheit und Vernunft seine Pflicht tue, ist nach Kant dann zwar würdig, glücklich zu sein, aber nur Gott könne ihm dieses Glück dann dermaleinst auch wirklich zuteilen. Im gleichen Sinne war ja auch Rousseau der Auffassung, ohne den Glauben an die Unsterblichkeit und an Gerechtigkeit nach dem Tode wäre Tugend nur »eine Narrheit, der man einen schönen Namen gibt«.

Durch die Denkarbeit Immanuel Kants war endlich wieder klar, worüber man eigentlich redete. Der Spuk der absurden Glücksbücher war schlagartig vorbei, was nicht heißt, dass er nicht mit gleicher Verve 200 Jahre später wiederkommen konnte. So etwas nährt gewisse Zweifel, ob man aus der Geschichte lernen kann – die jetzt natürlich nicht für Sie gelten, die Sie diese Zeilen lesen.

Kant hatte freilich so gründlich aufgeräumt, dass nun der Begriff Glück zwar klar definiert war, aber jetzt nicht mehr unbedingt das erfasste, was alle Menschen als Glück anstreben. Er vollzog sozusagen eine absolut nötige und sogar dringliche Operation an der wild gewordenen Glücksphilosophie, ob das Ergebnis aber alltagstauglich war, musste sich erst noch zeigen.

In der Zeit nach Kant hatte das Glück bei den Philosophen zunächst kein Glück mehr. Für Hegel sind die Zeiten des Glücks die »leeren Blätter« der Weltgeschichte. Der trübsinnige Schopenhauer kann Glück höchstens noch in der Abwesenheit von Schmerz und Langeweile sehen. Und für Sigmund Freud ist »die Absicht, dass der Mensch glücklich ist, im Plan der Schöpfung nicht enthalten«. Erst am Ende des 19. Jahrhunderts begehrt Friedrich Nietzsche gegen all die philosophischen Bedenkenträger auf und streitet begeistert für das Glück als »Fülle des Gefühls«, das sich vor allem bei der Ausübung von Macht einstelle. Doch Friedrich Nietzsche, das ist für viele das Ende der Philosophie. Sein eruptiver Nihilismus zerschmettert alle Sicherheiten. Wenn zwei Leute über das Glück reden, meinen sie dann noch dasselbe?

Was bleibt am Ende der Geschichte des Nachdenkens der Menschheit über das Glück? Alles bleibt! Was das Bedienen einer Kaffeemaschine betrifft, kann man von den Menschen früherer Zeiten tatsächlich nichts lernen. Ihnen fehlte die nötige Erfahrung, das erforderliche Wissen von Kaffeemaschinen. Aber das Glück ist keine Kaffeemaschine. Liebe, Glück, Gut und Böse, all diese existenziellen Erfahrungen haben Menschen immer schon gemacht, und was die klügsten Menschen aller Zeiten über das Glück gedacht haben, hat kein Verfallsdatum wie Fisch und Fleisch. Was Philosophen über das Glück gedacht haben, das bleibt. Daher ist es naiv, die angeblich guten Tipps von Zeitgenossen zum Glück dem weisen Rat großer Philosophen vorzuziehen. Wenn es ums Glück geht, sollte man sich eher mit Platon befassen als mit Boris Becker. Wer weiß, was früher schon über das Glück gedacht wurde, wird selber bescheiden und lässt sich schon gar nicht von irgendwelchen neumodischen Glücksgurus ins Bockshorn jagen.

3
WARUM HIRNFORSCHER SICH NICHT FORTPFLANZEN SOLLTEN

Neuerdings gibt es ganz neue Glückspropheten. Und die behaupten steif und fest, sie hätten das Glück gesehen. Erstmals in der Geschichte der Menschheit. Sie ganz persönlich. Wenn Sie so jemandem begegnen, müssen Sie nicht gleich den Psychiater rufen, denn möglicherweise ist der sogar selbst Psychiater, Psychiater mit Hirnforschungshintergrund. Hirnforschung liegt nämlich heute voll im Trend. Nicht dass das Gehirn nicht schon früher bekannt war und sogar früher schon genutzt wurde, aber das alles war doch, geben wir es zu, sehr unprofessionell und dilettantisch. Man wusste ja früher gar nicht, was man tat, wenn man dachte. Doch jetzt kann man das alles erstmals sehen. Im MRT = Magnetresonanztomogramm zum Beispiel. Und da kann man dann auch nicht mehr einfach etwas Falsches denken oder sagen. Das Bild merkt das. Bilder lügen nicht. Das Tolle an der Hirnforschung ist, dass sie wirklich absolut neu ist. Weder Platon noch Aristoteles hatten ein MRT zur Verfügung, und sogar Einstein nicht. Also ist man neuer und damit auch natürlich gescheiter als Platon, Aristoteles und auch als Einstein. Allein das schon muss ein tolles Gefühl sein, und dieses tolle Gefühl sieht man gewissen routinierten Hirnforschern auch an. Sie schauen immer etwas mitleidig drein. Sobald sie den Mund aufmachen, raunen sie leicht unverständlich und völlig humorlos vor sich hin. So etwas halten Deutsche für einen sicheren Ausweis von Wissenschaftlichkeit. Der Prototyp dieser Hirnforscher ist Gerhard Roth, ein bekannter Amphibienspezialist. Ich konnte erleben, wie er eine in die Hunderte gehende Versammlung frustrierter Psychoanalytiker buchstäblich zu Tränen rührte, als er ihnen erklärte, er habe jetzt festgestellt, dass Freud recht gehabt habe. Zum Beweis zeigte er ein Bild von einem Gehirn. Es war weder sein eigenes Gehirn noch das Gehirn von Herrn Freud, aber er erklärte, das Bild sei eindeutig. Dankbarer rauschender Beifall! Das musste man Herrn Roth lassen. Er hatte in diesem Moment viele im freudianischen Glauben ergraute Psychoanalytiker glücklich gemacht.

Inzwischen gibt es kaum einen Vortrag, in dem der Referent sich nicht auf neuste Ergebnisse der Hirnforschung stützt. Ob es das Verhalten deutscher Touristen am Strand von Mallorca ist, der Orgasmus im Zustand der Schwerelosigkeit oder gar das Glück. Immer beweist die Hirnforschung, dass es wirklich so ist, wie es scheint, oder auch nicht. Doch genau das ist das Problem. Einige etwas naive Hirnforscher denken nämlich tatsächlich, dass das, was sie da auf ihren Bildern sehen, die eigentliche Wirklichkeit sei. Alles andere seien »Epiphänomene«, im Grunde Nebensachen. Angst zum Beispiel, das seien Aktivitäten in einer bestimmten Hirnregion. Diese etwas schlichten Forscher meinen dann, damit hätten sie endlich begriffen, was Angst in Wahrheit sei. Wenn also jemand behaupte, Angst zu haben, und in dieser Hirnregion sei nichts los, dann habe er in Wirklichkeit keine Angst, dann bilde er sich Angst nur ein, oder er lüge. Wenn aber in dieser Region die Hölle los sei, dann habe jemand Angst, auch wenn er steif und fest behaupte, er habe keine Angst. Er habe die Angst dann halt nur nicht gemerkt. Aber das ist natürlich Unsinn. Angst ist ein Gefühl, das Menschen immer schon hatten, und wenn

Menschen das erleben, dann haben sie wirklich Angst, egal was das Hirnbild sagt.

Paul Watzlawick hat solche Irrtümer auf unterhaltsame Weise beschrieben: Wenn jemand in ein Restaurant kommt, um ein Wiener Schnitzel zu essen, dann wird der Ober erst mal die Speisekarte bringen. Wenn der Gast dann aber herzhaft – in die Speisekarte beißt, genau an der Stelle, wo »Wiener Schnitzel« steht, dann hat er natürlich streng genommen tatsächlich in ein Wiener Schnitzel gebissen – bei tadellosem Gebiss ist die Stelle dann auch herausgebissen – aber er ist dabei leider auf der falschen Ebene gelandet. Hirnforschung aber hat es sozusagen mit der Speisekarte zu tun. Natürlich ist die Speisekarte wichtig, um an das Wiener Schnitzel zu kommen, man darf sie bloß nicht mit der prallen Wirklichkeit eines saftigen Wiener Schnitzels verwechseln. Genauso ist die Hirnforschung unbestreitbar wichtig, um bestimmte Aspekte der menschlichen Psyche besser zu erklären. Doch die Neurotransmitter sind nicht das wirkliche lebendige Leben selbst.

Die Hirnbilder zeigen nämlich nur die biologische Perspektive der Psyche. Aber es gibt da noch viele andere ebenso wahre Sichtweisen auf die seelischen Vorgänge im Menschen. Wer glaubt, nur das sei wahr, was man messen oder sehen kann, sollte sich besser nicht verlieben. Wenn eine Hirnforscherin und ein Hirnforscher der naiven Sorte sich ineinander verlieben, dann müssten sie eigentlich, bevor sie zusammenziehen, jeweils ein MRT-Bild anfertigen lassen. Das Gehirn der Hirnforscherin wird geknipst, während sie sein Foto anschaut, und sein Hirn wird geknipst, während er umgekehrt ihr Foto betrachtet. Und wenn bei beiden dann genau die Hirnregionen aktiviert sind, wo die Liebe nach allgemeiner Auffassung lokalisiert ist, dann könnten sie guten Gewissens zusammenziehen. Heiraten könnte man freilich erst, wenn sich die Studienlage stabilisiert hat.

Ganz ehrlich, liebe Leserinnen und Leser, man kann doch nur inständig hoffen, dass Hirnforscher, die das tatsächlich tun würden, sich wenigstens nicht fortpflanzen.

Dennoch kann man mit solchen schlichten wissenschaftlichen Missverständnissen heute ohne Weiteres Bestseller schreiben. Wer meint, alles zu durchschauen, sieht nichts mehr, hat der Philosoph Robert Spaemann einmal gesagt. Freilich ist nichts interessanter als die Behauptung, man habe endlich erkannt, was hinter der Oberfläche des Lebens eigentlich los sei. Davon lebten die Mysterienkulte der Antike, die Ideologien der Neuzeit, also der Marxismus und die Psychoanalyse, aber auch die Esoterik. Alles ist »nichts anderes als« der hinter allem wirkende göttliche Geist, »nichts anderes als« die Geschichte der Klassenkämpfe, »nichts anderes als« die Folge frühkindlicher Konflikte, »nichts anderes als« die Folge mysteriöser Energieströme. Wer an so etwas glaubt, für den wirken das beunruhigende Leben und die chaotische Welt einfach übersichtlicher. Das entlastet. Und deswegen saugen die Menschen solche Theorien gierig auf. Wenn dann der Hirnforscher seinen großen Auftritt hat und auf der Grundlage von schönen bunten Bildchen was auch immer verkündet, kann er sich der Aufmerksamkeit aller sicher sein. Achten Sie mal darauf. Diese Sorte Hirnforscher, das sind Leute, die bekommen in Diskussionen mit bekennenden Nichthirnforschern immer so ein wissendes Lächeln aufs Gesicht, wie Briefmarkensammler, wenn sie mit Leuten reden, die glauben, Briefmarken seien dazu da, um Briefe zu frankieren.

Doch spätestens jetzt muss ich doch eine Lanze für die vielen seriösen und fleißigen Hirnforscher brechen, die zwar keine spektakulären Thesen vertreten, aber Tag für Tag ihre Pflicht tun und durch die genauere Erforschung des menschlichen Gehirns viele wichtige Erkenntnisse erarbeitet haben, die uns auch in Diagnostik und Therapie weiterhelfen. Ich war befreundet mit dem Hirnforscher Detlef B. Linke, der leider viel zu früh verstorben ist. Linke war auch philosophisch höchst gebildet und konnte die Ergebnisse der Hirnforschung wissenschaftlich präzise einordnen. Daher kannte er genau die Grenzen seiner Wissenschaft. Und so glaubte er eben nicht, dass die Hirnforschung zum Glück wirklich viel beitragen könne. Das Dauerglück durch Elektrodeneinpflanzung hielt er für eine Horrorvorstellung. Dennoch kommt auch heute immer noch kaum ein Vortrag und kaum ein Buch über das Glück ohne eine kräftige Portion Hirnforschung aus. Doch das Glück ist kein Neurotransmitter. Entscheidend bleibt, ob der einzelne Mensch wirklich glücklich ist. Und weil die Wahrheit nicht originell ist, das Gute nicht neu und das Schöne nicht modern, und weil die Menschen vor 2500 Jahren exakt genauso intelligent waren wie wir, kann man aus der langen Geschichte der Philosophie erheblich mehr lernen als von den schrillen Schreien mancher Hirnforscher.

Meine Tante Cläre war glücklich, ohne sich mit Philosophie zu befassen. Das geht. Doch es besteht kein Zweifel, dass das, was die Philosophen aller Jahrhunderte nach langem Nachdenken über das Glück gesagt haben, eine Fundgrube für den ist, der glücklich werden will. Deswegen diese kleine Geschichte des Glücks. Aber damit ist noch nicht gesagt, dass man auf diese Weise unvermeidlich glücklich werden kann.

3

IST GLÜCK VERMEIDBAR?

JA, UND WIE!

Tatsächlich ist selbst für Philosophen das Glück vermeidbar. »Wie komme ich zum Alexianer-Krankenhaus?«, fragte mich eine gescheite Philosophin, die es arbeitsplatzhalber zur Journalistin gebracht hatte. Sie sollte mich interviewen und hatte keine Ahnung, wie sie zu mir kommen könnte. Dabei war das eigentlich ganz einfach. Also erklärte ich ihr geduldig den Weg, einmal, zweimal, dann zum dritten Mal. Aber sie begriff das nicht – kein Wunder, denn kein bekannter Philosoph hatte sich jemals über den Kölner Stadtteil Köln-Porz-Ensen ausgelassen. Die Philosophin war ganz unglücklich. Also schlug ich ihr eine handfeste praktische Lösung des Problems vor. Sie solle einfach in den Kölner Süden fahren, sich einen Polizisten aussuchen, den hauen und dann behaupten, das hätten ihr Stimmen befohlen, dann komme sie automatisch zu mir. Da sie erheblich mehr Humor hatte als Ortskenntnis, hat sie mit dieser Geschichte dann ihren Artikel begonnen.

1

»SIE LÄCHELN SO, WAS VERDRÄNGEN SIE?« – WIE PSYCHOTHERAPIE UNGLÜCKLICH MACHEN KANN

Wenn man sich allzu gründlich und vor allem ausschließlich mit Philosophie befasst, kann man es zuverlässig vermeiden, im Leben wirklich glücklich zu werden, wenigstens wenn es um einen geglückten Weg in die Psychiatrie geht. Das gilt aber nicht nur für Philosophen, sondern für alle Leute, die Schwierigkeiten haben, über den eigenen Tellerrand hinauszuschauen. Zum Beispiel für begnadete Chirurgen, die große Schwierigkeiten haben, Kontakt mit Menschen aufzunehmen, die nicht bluten. Ebenso können Psychiater vermeiden, glücklich zu werden, wenn sie die ganze Welt nur noch unter psychiatrischen Aspekten sehen und deswegen vor lauter Begeisterung auch in ihrem Privatleben herumdiagnostizieren. Bald werden sie überrascht feststellen, dass sie merkwürdigerweise gar keine Freunde mehr haben und auch andere Leute ihnen eher aus dem Weg gehen. Also keine Sorge, lieber Leser, mir persönlich ist bei Ihnen bisher überhaupt nichts Pathologisches aufgefallen, und wenn Sie es tatsächlich geschafft haben, dieses Buch bis hierhin unfallfrei zu lesen, halte ich Sie ohnehin in jedem Fall für psychisch gesund, jedenfalls für therapeutisch unergiebig. Eines ist sicher: Wer es nicht schafft, außerhalb seines Jobs als Psychiater keinerlei Diagnosen zu stellen, ist für diesen Beruf ungeeignet.

Paul Watzlawick hat sogar während seiner Tätigkeit als Psychiater nach Möglichkeit auf Diagnosen verzichtet. »Diagnosen brauchen wir nur für die Krankenkassen«, das war einer seiner kecken Sprüche. Tatsächlich engen Diagnosen die Wahrnehmung eines Menschen ein. Man sieht nur noch dessen Defizite und achtet nicht auf seine Ressourcen, seine höchst individuellen Kräfte, mit denen er doch aus seiner Lebenskrise herausfinden könnte. Und wenn ich mit einem depressiven Patienten ausdauernd bloß noch über seine Depression rede, als sei die Depression sozusagen ein Gegenstand, wenn ich frage, warum er depressiv ist, wann er früher schon mal depressiv war und was er sonst noch an Störungen vorzuweisen hat, dann geht es dem Patienten am Ende eines solchen Gesprächs mutmaßlich nicht besser, sondern jetzt geht es ihm richtig schlecht, und er weiß jetzt auch noch warum. Man hat die Symptome des Patienten sozusagen in seiner Lebensgeschichte »verankert«. Und da bekanntlich die eigene Lebensgeschichte nicht zu ändern ist und das auffällige Interesse des Therapeuten den Anschein erweckt, dass diese schlimme Geschichte die Ursache für die jetzige Störung ist, beschleicht den Patienten der stille Verdacht, dass dann auch die jetzige Störung im Grunde nicht zu ändern ist. Auf diese Weise kann man einen therapeutischen Erfolg erfolgreich vermeiden und damit auch das Glück des Patienten, wenn man einmal unterstellt, dass ein therapeutischer Erfolg nicht bloß den Therapeuten, sondern auch den Patienten wenigstens ein bisschen glücklich machen soll. Mehr noch: Wenn der Patient noch nicht wirklich depressiv war, dann wird er sich nach einem solchen Gespräch möglicherweise erstmals richtig depressiv fühlen. Auf diese Weise hätte man es geschafft, mit großer Sorgfalt eine kleine Depression herzustellen.

»Denken Sie nicht an rosarote Elefanten!« ist unter Psychotherapeuten bekannt als eine schlechte Suggestion. Schon der gescheite Immanuel Kant leistete sich einen solchen Scherz. Ihm ging sein Diener Lampe, den er irgendwann entlassen hatte, nicht aus dem Kopf. Das störte ihn. Und alles, was ihn störte, versuchte Kant immer sorgfältig zu vermeiden. So schrieb er sich selbst einen Merkzettel: »Lampe muss vergessen werden!« – was auf diese Weise wohl kaum funktioniert haben wird. Wenn man immer wieder über etwas spricht, was man vermeiden will, erreicht man dadurch das Gegenteil. Das gilt für rosarote Elefanten, zu vergessende Diener, aber auch für Depressionen. Der amerikanische Psychotherapeut Steve de Shazer hat darauf hingewiesen, dass man ein Problem eher verstärkt, wenn man zwei Drittel der Therapiestunde über das Problem redet und nur ein Drittel der Zeit über die Lösung. Wenn man es dagegen umgekehrt mache, gebe es die Chance, Auswege aus der Krise zu finden. »Miteinander reden« ist für viele Deutsche gleichbedeutend mit »über Probleme reden«. Wenn glückliche Eheleute sich besorgt darüber äußern, zu wenig über Probleme zu reden, kann man sie als Psychotherapeut nur ermutigen, daran möglichst wenig zu ändern. Das erstaunt viele, denn es herrscht nach wie vor das unausrottbare Vorurteil, Psychotherapeuten würden sich herzlich über jedes noch so entlegene Symptom freuen, dem sie auf die Spur kommen. Symptome bei Patienten finden, das kann auch jede Putzfrau. Die psychotherapeutische Kunst ist, die verborgenen oder vergessenen Kräfte und Fähigkeiten des Patienten zu entdecken, sie dann gut zu beleuchten und auf diese Weise dafür zu sorgen, dass auch der Patient selbst sich anders sieht und deswegen freundlicher und respektvoller mit sich selbst umgeht.

Leider gibt es immer noch Psychotherapeuten, die das anders sehen und nach dem Motto vorgehen: »Sie lächeln so – was verdrängen Sie?« Wer es mit solchen Leuten zu tun bekommt, ist natürlich auf dem besten Wege, zuverlässig unglücklich zu werden. Vor allem gewisse Psychotherapeutenfunktionäre neigen dazu, ihre eigene Bedeutung zu steigern und den Markt auszuweiten, indem sie die Zahl der psychisch Kranken beliebig hochjazzen. Doch das ist geschäftstüchtige Volksverdummung. Die Experten sind sich darüber einig, dass die schweren psychischen Krankheiten in den vergangenen Jahren keineswegs zugenommen haben. Doch manche exaltierte Medienkampagne über neu erfundene Krankheiten, wie zum Beispiel »Burnout«, haben dazu geführt, dass völlig gesunde und durchaus irgendwie glückliche Menschen so verunsichert werden, dass sie sich sicherheitshalber mal irgendwo in Behandlung begeben. Das kann böse Folgen haben. Denn nicht nur Medikamente, sondern auch Psychotherapie kann unangenehme Nebenwirkungen haben, vor allem dann, wenn gar keine Behandlungsnotwendigkeit besteht.

Auch ohne leibhaftigen Kontakt mit solchen Psychotherapeuten kann man das Glück vermeiden. Es reichen gewisse Texte. Lesen Sie selbst, liebe Leserinnen und Leser, mal einfach einen Artikel über »Burnout«! Sie haben wahrscheinlich anschließend den Eindruck: Der Autor versteht mich! – Konzentrationsmangel! – Habe ich auch manchmal! Man ist nicht mehr so leistungsfähig wie früher! – Stimmt, woher weiß der das? – Schlafstörungen! – Gerade in letzter Zeit! – Man hat so einen Hals, wenn man den Chef sieht!

73

– Genau wie bei mir! Und wenn in dem Artikel zusätzlich noch steht, dass die meisten Menschen diese Symptome einfach nicht ernst nehmen und dann, wenn sie nichts dagegen tun, schrecklich dafür büßen müssen, spätestens dann beschleicht den Leser ein ziemlich ungutes Gefühl. In Wahrheit ist das Unsinn. Wenn so etwas tatsächlich eine behandlungsbedürftige Krankheit wäre, dann könnte man fast jede Firma überdachen und eine Burnout-Klinik daraus machen.

Damit Sie mich jetzt nicht falsch verstehen: Natürlich gibt es Menschen, die am Arbeitsplatz und durch den Arbeitsplatz schwer leiden, natürlich muss da dann am Arbeitsplatz etwas verändert werden. Aber es ändert sich nichts, wenn die Untergebenen eines ekelhaften Chefs sich alle in psychotherapeutische Behandlung begeben oder in irgendeiner lukrativen »Burnout-Klinik« statt des Chefs mit Ausdauer vier Wochen lang das Wasser treten. Wenn der Chef sich nicht ändert, ist man bald nach dem Wassertreten wieder genauso fertig mit den Nerven wie vorher. Es hilft also alles nichts: Man muss diesen Chef loswerden oder kündigen, was zugegebenermaßen nicht immer so einfach ist. Und natürlich gibt es auch Menschen, die die Situation am Arbeitsplatz richtig krank macht, zum Beispiel wegen realer Überlastung oder weil zu großer Ehrgeiz dazu geführt hat, dass man auf einem Posten gelandet ist, der die eigenen Fähigkeiten schlicht überfordert. Es kann dabei zu schweren Depressionen kommen, und die müssen selbstverständlich professionell behandelt werden. Das Problem des Burnout-Begriffs ist, dass er viel zu diffus ist. Denn darunter fallen Patienten mit eindeutigen psychischen Krankheiten, zum Beispiel Depressionen, aber eben auch Gesunde mit nicht therapiebedürftigen Befindlichkeitsstörungen.

Vor allem aber nimmt der Trend zu, Lebenskrisen zu Krankheiten zu erklären. Wenn eine Frau plötzlich von ihrem Mann verlassen worden ist, dann kann das tief erschütternd sein. So etwas ist manchmal schlimmer als eine schwere Depression. Das ist aber keine Krankheit. Das ist eine gesunde Reaktion auf eine schreckliche Situation. Und da hilft dann am besten eine gute Freundin, die selbst so etwas mal durchgestanden hat, die sie nachts anrufen kann, wenn ihr die Decke auf den Kopf fällt, die sie einfach in den Arm nimmt und mit der sie auch mal ausgehen kann. Was soll eine solche Frau denn bei einer jungen Psychotherapeutin, die ein paar clevere Methödchen gelernt hat, aber über keine Lebenserfahrung verfügt? Die Leute denken merkwürdigerweise immer, wir Psychotherapeuten hätten Lebenserfahrung. Woher denn? Wir haben zumeist auf dem Schulhof nicht mitgespielt, weil wir den Numerus clausus schaffen mussten, haben dann dicke Bücher gelesen, tragen deswegen eine Brille und verbringen jahrzehntelang viel Zeit mit gestörten Menschen in hässlichen kleinen Räumen. Da hat man keine Lebenserfahrung! Und außerdem sind wir Psychotherapeuten alle schüchtern. Wer die Kommunikation mit anderen Menschen so mühsam findet, dass er sich dafür bezahlen lässt, wenn man mit ihm redet, muss in Wirklichkeit ein Problem haben, oder etwa nicht? Aber im Ernst: Zweifellos gibt es hervorragende Psychotherapeuten, die verantwortungsvoll arbeiten und kranken Menschen engagiert erfolgreich helfen. Und es ist schade, dass manche Menschen, die von guter Therapie profitieren könnten, keine Therapie machen, weil sie nicht informiert sind oder Vorurteile haben. Deswegen sind Kampagnen wie die Bündnisse gegen Depression so hilfreich, die es in vielen Städten Deutschlands inzwischen gibt. Das ist aber etwas ganz anderes als Marketingkampagnen gewisser Psychotherapeutenvereinigungen, die gebetsmühlenartig mehr Psychotherapeuten fordern, ohne sich den Ergebnissen der Therapieeffizienzforschung zu stellen und dafür zu sorgen, dass durch effektive Kontrollen sichergestellt wird, dass nicht zulasten der Krankenkassen Menschen behandelt werden, die gar nicht krank sind – aber möglichweise durch die Behandlung erst krank werden. Wenn Sie sich als berstend gesunder Mensch mal ein Jahr lang jede Woche eine Stunde lang in Gegenwart eines Psychotherapeuten fragen, ob Sie nicht vielleicht doch eine Macke haben, dann müsste es schon mit dem Teufel zugehen, wenn Sie nicht wenigstens eine kleine Macke bekämen. Zweifellos, moderne Psychotherapie hat spektakuläre Erfolge aufzuweisen. Doch fragt man sich, ob die Menschheit durch uns Psychotherapeuten unter dem Strich glücklicher geworden ist oder ob der Einfluss bestimmter Psycho-Sichtweisen über die Medien nicht eher dazu beigetragen hat, Glück zu vermeiden.

Der geniale Psychotherapeut Steve de Shazer wurde einmal gefragt, was man tun könne, um zu lernen, so wie er lösungs- und ressourcenorientiert zu arbeiten. Darauf antwortete Steve: »Zunächst einmal sorgen Sie dafür, dass Sie mindestens drei Jahre lang keinen Kontakt mit Psychotherapeuten haben! In dieser Zeit arbeiten Sie am besten als Barkeeper. Barkeeper haben Menschenkenntnis. Oder als Gärtner. Gärtner wissen, wie etwas wächst. Und dann kommen Sie zu mir ...« Manchmal kann man einem Patienten schon allein dadurch effektiv psychotherapeutisch helfen, dass man mit der Autorität des Psychotherapeuten alle unausgegorenen Psychotheorien, denen sich der Patient selbst ausgesetzt hat, als Unsinn entlarvt. Das heißt noch nicht, dass er dadurch glücklich wird, aber wenigstens wird dieser Mensch vielleicht nicht mehr so systematisch wie bisher seinem Glück aus dem Weg gehen.

2

»SIE HABEN EIN PROBLEM, DA HÄTT ICH NOCH EINS FÜR SIE!« – DAS FRAU-LOT-SYNDROM

Man kann es aber auch als ganz normaler Mensch vermeiden, glücklich zu sein, indem man sich selbst so verhält wie ein schlechter Psychiater und alle möglichen Mitmenschen in diagnostische Schubladen sperrt. »Das ist ein Narzisst!«, »Das ist eine Hysterikerin!«, solche Ausrufe hört man heute überall. Damit sollen unsympathische Menschen beschimpft werden. Narzissmus ist ursprünglich eine schwere Störung, unter der Menschen manchmal ihr Leben lang leiden müssen. Sie bekommen nie genug Zuwendung und sind dadurch immer unglücklich. Es gibt unterschiedliche Theorien, wie man an eine solche Störung gerät. Eines aber ist sicher: Niemand hat sich so etwas freiwillig ausgesucht. Wenn Diagnosen nicht bloß für die Krankenkassen da sind, dann haben sie allenfalls die Aufgabe, die therapeutische Hilfe für einen leidenden Menschen zu steuern. Alles andere ist Missbrauch von Diagnosen. Auch die Hysterie ist in Wahrheit eine psychische Störung, der sich vor allem Sigmund Freud gewidmet hatte. Es ist eine Diskriminierung von psychisch Kranken, wenn man solche Diagnosen als Schimpfworte einsetzt. In Wirklichkeit aber schadet man sich damit am meisten selbst. Man nimmt die Besonderheiten seiner Mitmenschen nicht mehr als Bereicherungen wahr, man schätzt nicht mehr das Außergewöhnliche, sondern bleibt nur noch im eigenen Milieu und erlebt dort angepasste Menschen, die nicht daran denken, sich durch authentisches Verhalten den aggressiven Beschimpfungen eines misanthropischen Hobby-Diagnostikers auszusetzen. Auf diese Weise wird für einen solchen Menschen die Welt grau und eintönig, die Mitmenschen öde und langweilig und das Glück, sein Glück, zuverlässig vermeidbar.

Es gibt Menschen, die vermeiden es ganz systematisch, glücklich zu sein. Alice Miller hat in ihrem berühmten Buch »Das Drama des begabten Kindes« geschildert, wie ein narzisstischer Mensch, der sich unersättlich bewundern lassen »muss«, sich nicht selten eine depressive Partnerin sucht. Indem sie sich ganz mit ihm identifiziert, kann sie bei seinen großen Auftritten das heimlich ausleben, was sie sich selber nicht zutraut, da sie ja depressiv ist. Sie gibt ihm dafür die heiß ersehnte dauernde Bewunderung, ohne eine Konkurrenz für ihn zu sein und ihn in seinem Gefühl der Einzigartigkeit infrage zu stellen. Zweifellos kann das für beide Partner tragisch sein, denn sie halten sich gegenseitig mit großer psychischer Kraft in ihrem Unglück fest. Bei einer Änderung ihres Verhaltens müssten sie ja befürchten, dass dann auch der andere das Verhalten aufgeben müsste, das sie selbst doch so dringend zu brauchen meinen. Der Paartherapeut Jürg Willi hat solche Glücksvermeidungs-strategien Kollusion genannt, ein am Ende starres Verhalten, aus dem es keinen Ausweg zu geben scheint. Erst wenn solche schwer leidenden Menschen zum Beispiel in einer Therapie erfahren können, dass eine Verhaltensänderung keineswegs zur Katastrophe führt, kann sich ein neues gesundes Gleichgewicht zweier nach wie vor sehr unterschiedlicher Menschen einspielen. Dann können auch sie vielleicht irgendwann ohne schlechtes Gewissen doch noch glücklich werden.

»Achten Sie bitte darauf, in der nächsten Nacht nicht zu schlafen!« Das sagte ich einer Patientin, die gerade über sehr unangenehme Schlafstörungen geklagt hatte. Die Patientin war ganz erstaunt. »Legen Sie sich einfach aufs Bett und entspannen, das reicht, um sich zu erholen. Schlaf ist gleichgültig. Aber wie gesagt, passen Sie gut auf, dass Sie nicht schlafen!« Ich war Oberarzt und hatte daher eine gewisse Autorität. Dennoch fragte die Patientin vorsichtig nach, und ich erklärte ihr, dass sie die letzte Nacht ja nicht geschlafen habe und so wieder besser in ihren Biorhythmus komme. Als ich am nächsten Morgen bei der Visite ihr Zimmer betrat, sah ich sie schon von Weitem etwas peinlich von einem Fuß auf den anderen treten. Als ich zu ihr kam, brach es aus ihr heraus: »Es tut mir so leid! Ich hab' es leider nicht geschafft! Ich bin eingeschlafen!« Kein Wunder, denn die ganze Nacht in einem dunklen Krankenhauszimmer entspannt auf einem Bett zu liegen, die ruhigen Atemzüge der anderen Patientin zu hören und nichts anderes im Kopf zu haben, als darauf zu achten, nicht einzuschlafen, das ist ausgesprochen langweilig, das ist geradezu ermüdend, da ist es mit anderen Worten ziemlich schwer, nicht einzuschlafen. Solche paradoxen Interventionen können helfen, wenn ein unerwünschtes Verhalten sich immer weiter steigert. Wenn Sie umgekehrt jemanden schlaflos machen wollen, reicht es manchmal, ihm einzureden, dass Schlaf unglaublich wichtig sei. Denn dann ist es ganz konsequent, dass dieser Mensch nun sorgfältig darauf achtet, auch wirklich einzuschlafen. Er versucht also, mit wachem Bewusstsein exakt zu beobachten, wie er das Bewusstsein verliert. Das kann natürlich nicht funktionieren. Wenn er dann aber wach liegt und beobachtet, wie er eben nicht einschläft, obwohl das doch eigentlich so wichtig wäre, regt er sich auf. Dadurch steigt der Blutdruck, und nun schläft er erst recht nicht ein. Auf diese Weise kann man zuverlässig Schlaf vermeiden.

Mit demselben Trick ist aber auch das Glück vermeidbar. Wer mit aller Gewalt glücklich werden will, wird damit kein Glück haben. Leider ist das ein Massenphänomen. Paul Watzlawick kam deswegen auf die Idee, gegen dieses Massenphänomen eine Massentherapie zu veranstalten. Er schrieb den internationalen Bestseller »Anleitung zum Unglücklichsein«, und wie die Verordnung von Schlaflosigkeit Schlaf bewirken kann, so bewirkte die Anleitung zum Unglücklichsein Glück bei vielen Menschen, wenigstens ein bisschen weniger selbst verschuldetes Unglück. Denn immer wieder fanden sie sich auf unterhaltsame Weise entlarvt. Man kann das sogar auf Institutionen anwenden (siehe: M. Lütz. Der blockierte Riese. Psycho-Analyse der katholischen Kirche. Mit Vorwort von Paul Watzlawick). Wenn man tatsächlich lernt, systematisch das Glück zu vermeiden, ist das Unglück logischerweise zumindest kein unberechenbares Geschick mehr, und dann auch das Glück nicht. Insofern ist eine Anleitung zum Unglücklichsein kein bloßer Gag. Paul Watzlawick war ein bedeutender ernsthafter Wissenschaftler. Allerdings vermittelte er Wissenschaft äußerst humorvoll. Humor aber gibt die Möglichkeit, ein bisschen Distanz von sich selber zu bekommen. »Vollkommen ernst genommen zu werden überfordert uns«, sagt Robert Spaemann. Wenn man herzlich darüber lachen kann, wie es einem immer wieder gelingt, in dieselben unglückseligen Sackgassen zu rennen, dann besteht eine größere Chance, glücklich zu werden. Denn wer lacht, vor allem über sich selbst, ist in diesem Moment bereit, sich zu ändern.

Mein Freund Eckart von Hirschhausen hat ein vor Ideen sprühendes Buch über das Glück geschrieben, ein wirklich humorvolles Buch. Manchmal hilft aber auch Humor nicht, denn nicht jeder hat ihn. Und auch wenn jemand Humor hat, macht das nicht immer glücklich. Ich kannte einen Schlossbesitzer, in dessen Schloss ein Feuer ausgebrochen war. Man hatte die Feuerwehr gerufen. Die hatte den Brand gelöscht. Es war noch einmal gut gegangen. Unglücklicherweise brach wenig später erneut ein Brand im Schloss aus, unglücklicherweise am 1. April. Wieder rief man die Feuerwehr an. Unglücklicherweise hatte der Mann am Telefon Humor. Viel Humor sogar. Er war noch nicht einmal genervt, als man immer wieder anrief. Er lachte schallend. Das Schloss brannte bis auf die Grundmauern ab.

Watzlawick lacht jedenfalls zunächst einmal über sich selbst, nämlich über die eigene Psychotherapeutenzunft, die er genüsslich durch den Kakao zieht. Das »Frau-Lot-Syndrom« nennt er das Problem, dass jemand in seinem Leben nur noch zurückschaut, wie Lots Frau das entgegen dem Geheiß Gottes im Alten Testament tat und zur Strafe zur Salzsäule erstarrte. Viele Menschen, die vielleicht von ihren Psychotherapeuten dazu angeregt wurden, frei nach dem Motto »Sie haben ein Problem, da hätt' ich noch eins für Sie!«, schauen nur noch zurück in ihre Kindheit. Was immer aber in der Kindheit passiert ist, es ist jedenfalls nicht zu ändern. Mag sein, dass man dennoch da mal etwas klären kann. Aber den Scheinwerfer der Aufmerksamkeit vor allem auf die Defizite der vergangenen Kindheit zu lenken, birgt die Gefahr, zu wenig auf die Gegenwart und die Zukunft und vor allem die eigenen Kräfte zu schauen. Die Vergangenheit kann man nicht ändern, und so erstarrt man geistig, wenn man nur noch in der Vergangenheit lebt. Übrigens gibt es gute Psychoanalytiker, die sorgfältig auf die Kräfte ihrer Patienten achten und vor allem Gegenwart und Zukunft in den Blick nehmen – aber es gibt leider auch schlechte, die Salzsäulen produzieren.

3

WIR STREBEN NACH DEM UNERREICHBAREN UND VERHINDERN SO DIE VERWIRKLICHUNG DES MÖGLICHEN – DAS UTOPIESYNDROM

»Endlich habe ich die ideale Frau gefunden!« – »Gratuliere, aber was ist das Problem?« – »Sie sucht den idealen Mann!« Die vielleicht wichtigste Anleitung zum Unglücklichsein ist das, was Watzlawick das »Utopiesyndrom« nannte. Das gilt nicht bloß für bisher glückliche Ehepaare, die an Büchern über die ideale Ehe verzweifeln. Die Schönheitschirurgie lebt geradezu vom Utopiesyndrom. Da wird ein Schönheitsideal vorgegaukelt, das es in der Wirklichkeit gar nicht gibt. Der Schönheitswahn macht vor allem Frauen und schon junge Mädchen nachhaltig unglücklich. Das Utopiesyndrom gilt für alle Lebenslagen, in denen man sich völlig unrealistische Ziele setzt und dann daran scheitert. Das macht traurig und unglücklich, und vor allem werden wir dadurch handlungsunfähig, denn wir streben mit aller Intensität nach dem Unerreichbaren und verhindern gerade so die Verwirklichung des Möglichen. Wenn die Dinge unbedingt so und so sein sollten, aber nun mal leider nicht so sind, dann kann man ja nichts machen, und dann macht man auch nichts. »Lieber den Spatz in der Hand als die Taube auf dem Dach«, sagt dagegen der kluge Volksmund.

Es ist allgegenwärtig, das Utopiesyndrom. Auch in der Arbeitswelt. Viele leiden darunter, dass sie unbedingt einen Job haben wollen, der ihnen Spaß macht. Nicht selten reichen ihre Fähigkeiten aber nicht für den erträumten Job aus, oder alle Stellen sind besetzt. Dann werden solche Menschen kreuzunglücklich. Ein Job ist aber erst mal ein Job. Man macht ihn nicht zum Spaß, sondern um damit sein Geld zu verdienen. Der Arbeitslohn ist immer auch Schmerzensgeld für die Mühe der Arbeit. Wenn Arbeit immer nur Spaß machen würde, müsste man dafür eigentlich Vergnügungssteuer zahlen. Viele junge Menschen stranden bei der Berufswahl, wenn sie einen Job suchen, der ihnen unbedingt Spaß machen soll, in dem Gestrüpp von unzähligen möglichen Berufsausbildungen und den begrenzten eigenen Fähigkeiten. Es ist ja schön, wenn der Beruf, für den man geeignet ist, einem später auch noch Spaß macht. Aber man muss wissen, dass weit über die Hälfte der Berufstätigen eine Arbeit verrichtet, die ihnen keinen Spaß macht. Das spricht nicht gegen die Arbeit, sondern für den Realismus der Menschen. Man darf die Arbeit nicht unterschätzen. Sie bringt uns nicht nur Geld ein, sondern schafft auch wichtige mitmenschliche Kontakte und Erfolgserlebnisse. Deswegen ist Arbeitslosigkeit nicht bloß ein finanzielles Problem. Dennoch ist die Überschätzung der Arbeit eine zuverlässige Art, das Glück zu vermeiden. Das ist in Deutschland nicht überall vermittelbar. Vor allem in Schwaben nicht, wo ja bekanntlich das erarbeitet wird, was die Rheinländer dann verfeiern. Als ich einen Vortrag vor schwäbischen Unternehmern zum Thema »Arbeit ist das halbe Leben – aber was mache ich in der anderen Hälfte?« hielt, redete vor mir ein sympathischer und bescheidender schwäbischer Milliardär, der erklärte, für ihn und seinen Vater sei die Arbeit natürlich immer das ganze Leben gewesen. Noch heute gehe er auch sonntags durch seine Firma. Wenn sich alles aber nur noch um die Arbeit dreht, kann man nicht glücklich werden. »Wir arbeiten, um zu leben«, sagt Aristoteles. »Wir leben, um zu arbeiten«, antwortet der deutsche Michel. Italiener gehen generell davon aus, dass Deutsche dauernd arbeiten und nur mit Bedauern schlafen. Gerade in den »protestantischen Sprachen« hat Arbeit fast etwas Sakrales. Das deutsche Wort »Beruf« kommt von »Berufung«, denn da es bei den Protestanten keine Berufung zu heiligen Ämtern mehr gab, wurde die Arbeit geheiligt.

»Ihr habt Uhren, wir haben Zeit«, sagte mir neulich in aller Fröhlichkeit eine hochgebildete Afrikanerin. Ich konnte mich nur dadurch retten, dass ich mich herausredete, Rheinländer zu sein, also de facto Norditaliener. Die Uhr sei ja eigentlich etwas Schweizerisches und Pünktlichkeit etwas Preußisches, und gegen die Preußen hätten wir Rheinländer immer rebelliert. Es gibt Rheinländer, die parken heute noch falsch aus Protest gegen die preußische Obrigkeit, und für den Kölner Konrad Adenauer begann schon auf der anderen Rheinseite die sibirische Taiga. Für Rheinländer ist das Glück geradezu geografisch. Auf der linken Rheinseite liegt das Glück, auf der rechten das Unglück. Man vermeidet als Rheinländer also das Glück bereits, wenn man nach Düsseldorf fährt. Und gar nach Berlin, kurz vor Moskau! Eine Unglücksstadt! Der rheinische Kabarettist Jürgen Becker äußerte die Auffassung, Berlin sei eine Reise wert, man dürfe nur nicht aussteigen. Das kann man auch gar nicht, denn der Berliner Hauptbahnhof liegt de facto im Niemandsland. Man erreicht ihn von außen nicht und kommt auch kaum weg, denn es gibt da keine normalen Taxis. Es gibt nur Leute in Autos, auf denen »Taxi« steht, die auf die Frage, ob sie frei seien, antworten: »Ne, ick bin verheiratet«, und wenn man dann schüchtern nachfragt, ob man denn mit diesem Wagen fahren könnte, knapp bemerken: »Dat kommt jar nich infrage, damit fahre icke!« Wahlweise gibt es auch noch Antworten wie »Da könnte ja jeder kommen« oder »Jetz mal janz langsam«. Kurz gesagt, man kommt von diesem Bahnhof überhaupt nicht weg. Mit dem Auto ist Berlin übrigens auch nicht zu erreichen, weil die Elbe meistens Hochwasser hat und die Autobahnen überschwemmt sind, und über den Berliner Flughafen muss man sich gar nicht länger auslassen. Früher hatten die Berliner eine Mauer. Die wurde nur durch eine Panne geöffnet. Wahrscheinlich wäre die einzige Chance, den Berliner Flughafen zu eröffnen, Günter Schabowski zu reaktivieren und zum Pressesprecher des Berliner Flughafens zu machen. Dann improvisiert man eine Pressekonferenz, und ein Journalist stellt die Frage, wann der Flughafen denn eröffnet werde. Daraufhin wird Schabowski einen Zettel aus der Tasche ziehen und sagen: »Unverzüglich, hier steht unverzüglich.« Nur so kann man in Berlin langjährige Bauten eröffnen. Für Rheinländer ist die Nichterreichbarkeit Berlins aber kein Unglück. Sie haben »Berliner« bei sich vor Ort in Form einer unspektakulären billigen, aber durchaus leckeren Massenbackware. Der Rheinländer ist glücklich, wenn er in einen Berliner beißt.

Das Utopiesyndrom betrifft nicht bloß unser Privat- und Berufsleben, es erwischt uns auch sonst immer wieder. Vor allem sind die vielen Ratgeber eine Quelle von ausgeklügelten Strategien, um Glück zu vermeiden. Denn hier werden ausdauernd angeblich ideale Verhaltensweisen angepriesen, die den Hilfe suchenden Leser nicht selten überfordern und dadurch unglücklich machen. Es gilt nämlich ganz generell: Wer immer perfekt sein will, wird sicher scheitern. Umgekehrt kann eine Firma, in der Fehlerfreundlichkeit herrscht, nicht nur mit zufriedeneren Mitarbeitern rechnen, sondern darüber hinaus wird sie auch viel eher Erfolg haben. Denn Fehler sind zunächst einmal nur Abweichungen vom Üblichen. Wenn man darin auch eine Chance sieht, vielleicht neue Wege zu finden, dann kann sich ein Fehler als außerordentlich nützlich erweisen. Viele große Entdeckungen sind durch Fehler zustande gekommen. Wer Fehler im Leben absolut vermeiden wollte, könnte niemals glücklich werden.

Nichts also gegen ein paar gute Tipps in ein paar praktischen Ratgebern, aber in der Summe produziert jedenfalls der Ratgebertsunami ein Volk von Leuten, die sich selbst irgendwie für unfähig halten. Glücksratgeber sind da nicht besser. Sie werden oft von unglücklichen Menschen gekauft, die anschließend den Autor um sein Glück beneiden, was auch nicht gerade sehr viel glücklicher macht. Sokrates hat deswegen keine Bücher geschrieben oder allgemeine Lehren über das Glück verkündet, sondern persönlich mit einzelnen Menschen auf dem Marktplatz über das Glück geredet, das persönliche Glück. Dass in den Medien dagegen oft unerreichbare Stars zur Anbetung ausgesetzt werden, die sich in Wirklichkeit nur für sich selbst interessieren, verstärkt die allgemeine Verunsicherung und schafft höchstens Anhänger, die sich selbst kleiner machen, als sie in Wirklichkeit sind. Und unglücklich werden. Wenn man das einmal verstanden hat, kann man versuchen, solchen Unsinn zu vermeiden, nach dem Motto des Philosophen Odo Marquart: »Der Sinn, und dieser Satz steht fest, ist stets der Unsinn, den man lässt.«

Der größte Unsinn ist der grassierende Wissenskult. Ausgerechnet in Zeiten, in denen jeder durch Google und Wikipedia jederzeit in Sekundenschnelle jedes Wissen abrufen kann, erwecken Wissensshows den Eindruck, jemand, der viel wisse, sei irgendwie ein besserer Mensch. Da kann man dann durch präzises Wissen über den durchschnittlichen Durchmesser von Klobürsten sein Glück machen. Doch all dieses bloße Wissen macht nicht glücklich und ist in Wahrheit völlig gleichgültig. Man vermeidet es, glücklich zu werden, wenn man Minderwertigkeitskomplexe gegenüber dem Internet entwickelt und andere Menschen tatsächlich für ihr Wissen über Klobürsten beneidet. Für

Sokrates war die tiefste Erkenntnis zu wissen, dass er nichts wirklich wisse. Und damit glaubte er, mehr zu wissen als die Leute, die sich einbildeten, irgendetwas zu wissen, und dabei noch nicht einmal wussten, dass sie eigentlich nichts wissen. Nie war diese Erkenntnis so wertvoll wie heute. So hat aber auch derjenige, der wenigstens weiß, wie man das Glück vermeidet, also wie man unglücklich werden kann, eher die Chance, glücklich zu werden. Paul Watzlawicks Anleitung zum Unglücklichsein kann auf diese Weise allen Menschen helfen, nicht nur den Kranken. Denn wer gelernt hat, wie man Glück sicher vermeidet, der vermeidet es dadurch sicher nicht mehr so häufig – und wird glücklicher.

4

WAS IST UNVERMEIDLICH?
VON SONNENUNTERGÄNGEN
UND ALDI-VERKÄUFERINNEN

Ein glücklicher Mensch war Karl Jaspers (1883-1969) wohl nicht. Schon als Kind und Jugendlicher war er ein Einzelgänger, denn etliche Krankheiten hinderten ihn an allzu viel geselligem Kontakt. Er war hochbegabt, fleißig und umfassend interessiert. Er studierte in Berlin, Göttingen und schließlich Heidelberg Medizin. Schon mit 30 Jahren vollendete er seine Habilitationsschrift, die als »Allgemeine Psychopathologie« bis heute ein Standardwerk moderner Psychiatrie ist. Seine präzisen Beobachtungen und genauen Begriffsbestimmungen nötigen hohen Respekt ab. Er schuf mit diesem Werk eine psychiatrische Sprache, in der sich Psychiater bis heute über ihre Patienten verständigen. Die »Allgemeine Psychopathologie« bewies nicht nur eine unglaublich umfangreiche Kenntnis von Patienten, sie zeigte auch bereits, dass Jaspers die reine Beschreibung psychiatrischer Phänomene nicht reichte. Er wollte tiefer nachdenken über den psychisch kranken, aber auch über den normalen Menschen. Die »Allgemeine Psychopathologie« war ein Ende und ein Anfang. Mit diesem Buch endet seine psychiatrische Laufbahn und beginnt sein Werdegang als Philosoph.

1

VON DER EINMALIGKEIT DES LEBENS – EIN MODERNER PHILOSOPH DENKT TIEF NACH

In Heidelberg war Karl Jaspers der Shooting-Star der Psychiatrie gewesen, hier hatte er die »Heidelberger Schule« begründet, die auf die verstehende genaue Beschreibung des seelischen Zustands der Patienten höchsten Wert legte und sich fortsetzte, auch nachdem Jaspers der Psychiatrie den Rücken gekehrt hatte. In Heidelberg lehrte er nun auch als Philosoph. Doch als solcher gründete er keine Schule. Denn sein Philosophieren hatte etwas Verschlossenes. Dieser Mann mit einem Charakterkopf wie ein Felsenmassiv versenkte sich immer tiefer in die Abgründe der menschlichen Existenz. Dabei entwickelte er eine Sprache, die höchst speziell und oft nur schwer verständlich war. Hier nur eine Kostprobe: »Da Existenz sich nur in Kommunikation verwirklicht und diese in der Bewegung durch die Zeit im Wandel der Situationen sich vollzieht, ist der stille Einklang zeitlos werdenden Einsseins in der Ruhe innigen Erfassens von Existenz zu Existenz nur der verschwindende Augenblick eines in den jeweiligen Situationen wegen ihrer Dunkelheit entspringenden liebenden Kampfes.« Damit begründet Jaspers, warum er Liebe Kampf nennt. Keine einfache Lektüre, nicht wahr? Aber keine Sorge, liebe Leserinnen und Leser, denn im Folgenden werden Sie immer die direkte Übersetzung in Normal-Deutsch lesen können, die von meinem Friseur strengstens auf Allgemeinverständlichkeit überprüft wurde.

Während also Martin Heidegger in Freiburg mit seiner Philosophie vielfache Auswirkungen in andere Wissenschaften und auch in andere Länder hinein erlebte, saß Karl Jaspers vergleichsweise einsam in seinem Heidelberger Haus, hielt pünktlich seine Vorlesungen, nahm aber am gesellschaftlichen Leben der quirligen Universitätsstadt nicht teil. In seiner Wohnung empfing er Gäste, die berichteten, dass er dort von seinem Sessel aus sozusagen lehrte. Ein lockeres Gespräch auf Augenhöhe war kaum möglich. Jaspers merkwürdige philosophische Sprache ließ dabei eine fruchtbare Auseinandersetzung mit anderen philosophischen Auffassungen kaum aufkommen. Wer sich dagegen in seine Philosophie versenkt hatte, empfing von Jaspers im Gespräch aus seinem Sessel zusätzliche Belehrung. Während Martin Heidegger sich mit dem Nationalsozialismus kompromittierte, wurde Karl Jaspers gedrängt, sich von seiner jüdischen Frau zu trennen, und widerstand. Deswegen wurde ihm 1937 die Lehrbefugnis entzogen. Aus diesen Erfahrungen heraus hielt er sich, auch um der Freiheit, einem zentralen Begriff seiner Philosophie, aufzuhelfen, nach dem Zweiten Weltkrieg für besonders verpflichtet, immer wieder dem neuen deutschen Staat von Basel aus, wo er jetzt lehrte, ins Gewissen zu reden. Diese Schriften erregten zwar Aufsehen, hatten aber kaum nachhaltige Wirkung. So bleibt von Karl Jaspers neben seinen psychiatrischen Verdiensten vor allem seine Philosophie. Und die hatte es in sich.

Konnte man denn nach Nietzsche überhaupt noch philosophieren? Hatte doch Nietzsche mit seinem vulkanischen Temperament auf die Wahrheit eingeschlagen. Und um Wahrheit war es schließlich Philosophen jahrhundertelang gegangen. Friedrich Nietzsche zertrümmerte die Wahrheitsgewissheit, um den einzelnen Menschen von allen Einschränkungen zu befreien. Damit wollte er seinen Mitmenschen endlich jenseits von Gut und Böse den Weg ins pralle Leben eröffnen. Zwar schreibt Jaspers später unbeirrt ein Werk »Von der Wahrheit«, doch auch er zieht sich, wie viele Philosophen nach Nietzsche, auf den einzelnen Menschen zurück. Über die einzigartige Existenz des individuellen Menschen denkt er tief nach. Philosophie heiße sich um sich selbst kümmern.

Tatsächlich kann man das Leben so sehen, dass alles subjektiv ist. So wie ich persönlich einen Sonnenuntergang erlebe, genau so kann das niemand erleben. Das liegt nicht nur an dem speziellen Körper, den ich habe, an den speziellen Augen, dem Grummeln im Magen, das ich dabei empfinde, der leichten Gänsehaut, die ich spüre. Allein schon diese körperlichen Bedingungen hat exakt so niemand anderer von sechs Milliarden Menschen auf der Erde. Vor allem liegt das Unvergleichliche meines persönlichen Erlebens daran, dass ich nicht nur ein körperliches, sondern zugleich auch ein höchst spezielles einmaliges geistiges Wesen bin. Wenn ich diesen Sonnenuntergang sehe, dann setze ich ihn mit ähnlichen Erlebnissen in meinem bisherigen Leben in Verbindung, erinnere mich an ganz spezielle Menschen, mit denen ich einen ähnlichen Sonnenuntergang erlebt habe, und so weiter. Wenn einem Menschen diese Einmaligkeit seines eigenen Lebens und jedes Moments dieses Lebens plötzlich bewusst wird, dann erlebt er sich, so Karl Jaspers, ganz tief als er selbst, dann erlebt er sich existenziell. Und damit wird ihm klar, dass er viel mehr ist als bloß irgendein Exemplar der Sorte Mensch.

Man kann sich das nicht dauernd bewusst machen. Schon Karl Valentin grantelte: Heute in mich gegangen – auch nichts los! Man muss also auch mal einfach nur im Supermarkt einkaufen gehen, man muss sich morgens anziehen und abends ausziehen, man ist den lieben langen Tag mit irgendwelchen Routinetätigkeiten befasst, und das ist auch gut so. Sonst könnte man gar nicht leben. Doch um sein Leben nicht bloß wie ein Tier zu leben, das ausdauernd damit befasst ist, seine Bedürfnisse zu befriedigen, oder wie ein Roboter, der einprogrammierten sinnvollen Aufgaben nachgeht, um also wirklich Mensch zu sein mit der ganzen Würde, die wir schon von Verfassung wegen jedem Menschen zubilligen, muss man wenigstens ganz ab und zu mal versuchen, über den Tellerrand des mühevollen Alltags hinauszuschauen oder noch besser in sich selbst hineinzuschauen und dabei dieses einmalige Leben zu spüren, das jeder von uns ist, und aus diesem Gefühl heraus zu handeln.

2

VON DEN GRENZEN DER MENSCHLICHEN EXISTENZ – TOD, LEID, KAMPF UND SCHULD

Und das kann jeder und tut auch jeder, ob ihm das dann immer klar ist oder nicht. Zweifellos wird die Aldi-Verkäuferin das etwas anders tun als Karl Jaspers. Aber sie wird es auch tun, sonst wäre sie kein Mensch. Und deswegen ist das, was Karl Jaspers über solche Situationen sagt, auch für die Aldi-Verkäuferin von hohem Interesse. Sich selbst als einmaliger Mensch bewusst werden, das passiert vor allem dann, wenn man erschüttert wird. Der Tod ist erschütternd. Der Tod ist eine Grenzsituation, sagt Karl Jaspers. Grenzsituationen zwingen den Menschen, sich seiner selbst bewusst zu werden. Grenzsituationen können nur Menschen erleben. – »Aber das stimmt doch nicht! Auch Tiere sterben!«, wird man einwenden. – Das ist richtig, hört man da leise, aber eindringlich Karl Jaspers von seinem Lehr-Sessel herab sagen, doch nur der Mensch ist sich seines eigenen Todes bewusst. Der Tod, fährt Jaspers dann vielleicht fort, gehört zum Leben jedes Menschen dazu. Jeder Tag kann der letzte sein. Das weiß jeder Mensch. Es muss ihm nicht ständig vor Augen stehen, aber er kann es sich jederzeit ins Bewusstsein rufen.

Den Tod selbst hat kein Mensch je erlebt. Man kann den Tod nicht erleben, denn wenn man tot ist, lebt man nicht mehr. Bei anderen Menschen kann man erleben, wie sie sterben, und man sieht sie dann als Leiche. Auch da erlebt man den Tod nicht wirklich. Doch wenn ein geliebter Mensch stirbt, dann wird man sich ganz tief innerlich bewusst, dass man hier an eine Grenze stößt, von der aus auch das ganze eigene Leben eine besondere Färbung erhält. Man lebt anders nach einem solchen Ereignis. Karl Jaspers würde sogar sagen, man ist ein Anderer. Der wirkliche Tod, der Tod eines geliebten Menschen oder mein eigener Tod ist nicht irgendein allgemeines Wissen, er steht nicht bloß in Texten. Selbst wenn man vorher ganz viele Bücher über das Sterben gelesen hat, das Sterben eines geliebten Menschen ist dennoch etwas völlig Neues, Einmaliges. Die Grenzsituation des Todes prägt das ganze Leben eines Menschen, jedes Menschen, der Aldi-Verkäuferin und des Philosophen. Deswegen können von außen lächerlich erscheinende Kleinigkeiten, wenn man sie im Angesicht des Todes eines geliebten Menschen tut oder im ausdrücklichen Bewusstsein des eigenen Todes, unendlich wichtig werden: Die stumme Geste, das eigentlich billige Geschenk, irgendein Wort, das aber wirklich berührt und dadurch zu einem kleinen Ereignis wird. Und jeden Tag kann man sich der Grenzsituation des Todes nach neuen existenziellen Erlebnissen wieder anders stellen. Die Beziehung zum Tod ist lebendig wie das Leben. Martin Heidegger hatte den Menschen geradezu als »Sein zum Tode« definiert, dessen ganzes Leben im Schatten des sicheren Todes gelebt werden müsse. Zugegeben, das wirkt alles etwas bedrückend. Aber in Wahrheit haben wir alle tatsächlich nur ein begrenztes Leben, und man kann es erfüllter leben, wenn man sich dieses einmaligen Lebens wirklich bewusst ist und sich nicht durch Illusionen ablenken lässt.

Kann man als Mensch der Grenzsituation des Todes entgehen? Auf diese Frage gibt der Philosoph Karl Jaspers eine klare Antwort: Nein! Und damit meint er nicht, dass man dem Tod nicht entgehen kann. Das weiß jeder. Karl Jaspers glaubt, dass sich jeder Mensch bewusst dem Tod stellen muss. Das ist unvermeidlich. Und diese Unvermeidlichkeit der Grenzsituation des Todes gilt nicht bloß für hochgescheite und mitunter schwer verständliche Philosophen, diese Unvermeidlichkeit, sich dem eigenen Tod zu stellen, gilt genauso für die Aldi-Verkäuferin, sie gilt für jeden von uns, liebe Leserinnen und Leser. Sie können diesem Gedanken zeitweilig ausweichen, Sie können ihn an die Seite schieben, in Wirklichkeit wissen Sie, dass sich jetzt, in diesem Moment, bei Ihnen da vorne in Ihrer Brust ein Herzkranzgefäß ganz plötzlich verschließen könnte, sodass dieser Satz, den Sie soeben lesen, der letzte wäre, den Sie in Ihrem Leben gelesen haben … Und wenn Sie sich ab und zu das in aller Ruhe bewusst machen, werden Sie anders leben. Wahrscheinlich werden Sie dann nicht mehr so viel von dem tun, was »man« so tut, sondern Sie werden mehr Sie selbst sein, oder nicht?

Auf der Suche nach dem, was sonst noch unvermeidlich, aber dennoch besonders erhellend im Leben ist, stößt Karl Jaspers auf das Leid. Jeder Mensch muss auch leiden. Damit will Karl Jaspers nicht darauf hinweisen, dass jeder schon mal Zahnschmerzen gehabt hat oder auf dem Schulhof verprügelt wurde. Gegen Zahnschmerzen gibt es heute gute Schmerzmittel, und moderne Pädagogen schaffen es, Schlägereien auf dem Schulhof nicht ausarten zu lassen. Können wir überhaupt noch ernsthaft behaupten, wir würden leiden, unvermeidlich sogar? Wenn wir das Leiden der Menschen im Nahen Osten sehen, leben wir hier in Mitteleuropa dann nicht demgegenüber in einer Gesellschaft, der wirkliches Leid inzwischen ziemlich fremd geworden ist und die höchstens noch ab und zu von Wellen der Weh-Leidigkeit oder des Selbstmit-Leids überrollt wird?

Dennoch, wir bleiben alle Menschen und erleiden, jeder einzelne von uns, ein Geschick, gegen das es keine Medikamente und keine Methoden gibt. Da wir nicht unendlich lange leben, können wir nur eine begrenzte Zahl von Lebenschancen nutzen. Selbst wenn wir die lustvolle Befriedigung unseres heftigsten Wunsches erlebten. Wir müssten im Moment der Befriedigung dieses Wunsches gleichzeitig die Nichtbefriedigung aller anderen Wünsche hinnehmen. Wir leiden unvermeidlich an der unerbittlichen Begrenztheit unseres einzelnen persönlichen Lebens. Karl Jaspers nennt die vielen einzelnen Leiden, denen der Mensch ausgesetzt ist. Natürlich ist es gut, Leid zu vermeiden und wenn möglich zu bekämpfen. Aber wer tatsächlich glaubt, diesen Leiden irgendwann irgendwie trickreich komplett zu entgehen, belügt sich selbst, sagt Jaspers. Auch die Suche nach Sündenböcken und die Vermeidung der Begegnung mit leidenden Menschen ist bloß eine Flucht vor der Realität. Jede Flucht in ein definitiv leidloses Leben muss vergeblich bleiben. So ist auch Leiden eine Grenzsituation, und auch diese Grenzsituation ist im Leben jedes Menschen unvermeidlich. Indem man sich in einer ruhigen Minute diese unüberwindbare Grenze der eigenen Lebensmöglichkeit bewusst macht und das aushält, kann man auch auf diese Weise sich selbst als unverwechselbare Person tiefer und klarer wahrnehmen, gerade im Leiden.

Und auch das gilt von jedem Menschen. Es ist gar nicht gesagt, dass es der Philosoph einfacher hat, sich selber zu erkennen, als die Aldi-Verkäuferin. Denn er läuft ja als Fachmann fürs Nachdenken immer Gefahr, bloß übers Allgemeine daherzureden und dabei sich selber mit seinen höchst persönlichen Begrenzungen, mit seiner Vollglatze, seiner Sehschwäche, seinem mangelnden Mitgefühl seinen eigenen Kindern gegenüber aus Versehen völlig zu vergessen. Wenn es um die existenziellen Erfahrungen des Menschen geht, wenn es darum geht, sich selber seines Lebens tiefer bewusst zu werden und es nicht in Routinen, Allgemeinplätzen und bloßem Wissen zu verplempern, dann haben nicht unbedingt die Leute, die viel über Philosophie wissen, die meiste Erfahrung. Da haben manchmal eher Taxifahrer, Friseure und Obdachlose in Köln auf der Domplatte die Chance, Menschen und dadurch auch sich selbst wirklich persönlich zu begegnen, also menschlich zu leben und nicht bloß über das Menschsein nachzudenken.

Sich der unvermeidlichen Erfahrung von Tod und Leid bewusst zu werden, lässt jemanden intensiver Mensch sein. Dabei sind Tod und Leid Erfahrungen, die auf den Menschen eindringen, denen er also ohne eigenes Zutun ausgesetzt ist. Es gibt aber auch Grenzsituationen, die ein Mensch selber herbeiführt. Allerdings kann er gar nicht umhin, sie herbeizuführen. Auch sie sind also unvermeidlich. Karl Jaspers nennt hier zunächst die Grenzsituation des Kampfes. Dieser Ausdruck klingt heute etwas schrill, und tatsächlich erscheint das Wort eher zeitbedingt. Was Jaspers darunter versteht, ist aber zweifellos ebenfalls eine Grenzsituation: Jeder Mensch müsse, um zu leben, kämpfen. Er müsse, wenn er leben und überleben wolle, sich durchsetzen und gegen die Ansprüche anderer Menschen verteidigen. In Rechtsstaaten übernimmt das weitgehend der Staat, in dem das Ergebnis jahrhundertelanger Kämpfe um die besten Positionen einer Gesellschaft sozusagen eingefroren ist. Wer glaubt, er komme ganz ohne Kampf durchs Leben, sei genauso naiv wie derjenige, der umgekehrt meine, das ganze Leben sei bloß Kampf, meint Jaspers. Man erlebe sein eigenes Leben vielmehr besonders stark in nie völlig zu beruhigenden Auseinandersetzungen, konkurrierend um Ansehen und Widerhall bei anderen, aber auch im Kampf um Selbstbeherrschung. Vor allem ist die Liebe eine Grenzsituation, in der ein Mensch existenziell einem anderen Menschen, aber auch sich selbst begegnet. In diesem Sinne sei auch die Liebe ein Kampf, sagt Karl Jaspers. Wenn man liest, was Karl Jaspers über die Liebe schreibt, kann man sich den einsamen Heidelberger Denker mit der zerklüfteten Stirn zum ersten Mal als einen zärtlichen Menschen vorstellen. Und tatsächlich hat er seine jüdische Frau geliebt bis zur Bereitschaft, sein eigenes Leben aufs Spiel zu setzen. Ein liebender Mensch, sagt Jaspers, lässt sich ganz grundsätzlich vom geliebten Menschen infrage stellen und begegnet auch seinerseits diesem Menschen mit einer radikalen Offenheit, nicht irgendwie strategisch oder künstlich. Dass Liebe auch nach außen wie ein Kampf wirken kann, erlebte die Öffentlichkeit zum Beispiel jahrzehntelang bei Liz Taylor und Richard Burton. Was waren das für Kämpfe, die bei beiden an die Substanz gingen! Dennoch haben sie sich zweifellos geliebt. Auch die kämpferische, konkurrierende oder liebende Beziehung mit anderen Menschen ist eine unvermeidliche Grenzsituation menschlicher Existenz, die nie zu Ende kommen kann.

Zuletzt nennt Karl Jaspers Schuld als Grenzsituation. Das scheint zunächst nicht schlüssig. Denn wenn Schuld unvermeidlich wäre, dann wäre es ja gar keine Schuld, sondern Verhängnis. Doch dann erklärt Jaspers überzeugend, dass der Mensch zwar nur Verantwortung für seine eigenen Taten hat. Doch er könne ja niemals alle Folgen einer Tat zum Zeitpunkt der Tat komplett überblicken. Dennoch sei er zweifellos Urheber auch dieser Folgen, dieser unbeabsichtigten »Kollateralschäden«, wie Militärs so etwas neuerdings verharmlosend nennen. Weil das aber so sei, werde jeder Mensch schuldig. Er könnte sich davon übrigens auch nicht entlasten, indem er sein Handeln bloß als reibungslose Anwendung irgendwelcher allgemeiner moralischer Regeln erklärte und einfach behauptete: Ich habe gar nicht gehandelt, es sind die Regeln gewesen, die sind schuld. Regeln sind nie schuld. Nur Menschen sind schuld. Unvermeidlich schuld, sagt Karl Jaspers. Das liegt auch daran, dass ein Mensch, sobald er sich für das eine Gute entscheidet, nicht

99

gleichzeitig auch das andere Gute tun kann. Sicher vermeiden könnte er das alles theoretisch nur, wenn er sich einfach weigerte, überhaupt zu handeln. Dann könnte er aber gar nicht leben. Denn leben heiße immer auch entscheiden, und Gutes unterlassen sei im Übrigen ebenfalls eine Schuld. Also sei auch Schuld, so Jaspers, eine unvermeidliche Grenzsituation. Immer dann, wenn ein Mensch sich seiner Schuld gegenübersehe, werde er sich seiner eigenen unvertretbaren Existenz bewusst. Nicht irgendein Mensch, nicht irgendein Exemplar der Spezies Homo sapiens hat das getan, sondern ich habe das getan, zu einem bestimmten Zeitpunkt, an einem bestimmten Ort, in einem bestimmten Moment meines persönlichen Lebens, endgültig. Wer nur die objektiven Abläufe einer Tat sehen würde, die man ja auch filmen könnte und die zum Beispiel ein Schauspieler nachspielen könnte, der hätte nicht begriffen, dass er damit nur das Objektive erfasst hätte, das zwar auch zu einer Tat gehört. Damit hätte er aber nicht das Entscheidende einer menschlichen Tat verstanden, das im Subjektiven liegt. So bliebe diesem oberflächlichen Beobachter das existenzielle Erlebnis von Schuld verborgen. In der Erfahrung persönlicher Schuld wird ein Mensch sich seiner selbst besonders bewusst. In der Grenzsituation unvermeidlicher Schuld wird ihm klar, was es heißt, ein bestimmter unverwechselbarer Mensch in der Geschichte zu sein, der die Geschichte nicht beherrschen kann, sondern in ihr sein kurzes, nicht völlig übersichtliches geschichtliches Leben lebt, in dem er Verantwortung übernehmen muss, auch wenn er sich dabei unvermeidlich in Schuld verstrickt.

3
VOM WAGNIS DES GLÜCKS – DONNERGROLLEN AUS DEM LEHRSESSEL

Was Karl Jaspers hier die Grenzsituation der Schuld nennt, das haben Christen mit dem Wort Erbsünde bezeichnet. Auch da gab und gibt es immer wieder das Missverständnis, dass man doch Schuld nicht erben könne, was ja stimmt. Der christliche Erbsündenbegriff meint aber etwas ganz anderes. In der Geschichte von Adam und Eva werden sich Christen bewusst, dass alle Menschen unvermeidlich in Schuldzusammenhängen leben, denen sie nicht entfliehen können, wenn sie nicht dem Leben entfliehen wollten. Kein Mensch ist perfekt, sagt die Erbsündenlehre, auch moralisch nicht. Deswegen wurde diese Lehre übrigens von allen Ideologien, die an den perfekten Menschen glaubten, bekämpft. Die Nazis lehnten die Erbsündenlehre ausdrücklich vehement ab, denn Arier hatten keine Defizite zu haben. Da Christen aber glaubten, sich nicht selbst wie Münchhausen aus der unentrinnbaren Verstrickung in Schuldzusammenhänge herausziehen zu können, erhofften sie die Erlösung von der Last dieser Erbschuld von der Gnade Gottes.

Solche entlastenden Lösungen aber lehnte der gestrenge Karl Jaspers strikt ab. Die Grenzsituationen müssten ausge-

101

halten werden, forderte er. Über den Tod könne man sich nicht hinwegtrösten, indem man glaube, das Leben gehe in einem Jenseits einfach irgendwie so weiter. Dem Leid könne man durch nichts entkommen, und wenn man glaube, man könne durch selbstlose Nächstenliebe dem Kampf entgehen, täusche man sich selbst. Karl Jaspers hatte zwar einen vagen selbst gemachten Gottesbegriff, aber er war kein Christ. Er sträubte sich gegen die Vorstellung, sich die eigenen Bemühungen um ein verantwortungsvolles Leben von irgendeiner anderen Instanz abnehmen oder auch nur ermäßigen zu lassen. Karl Jaspers saß grübelnd in seinem eigenen Sessel, dachte seine eigenen Gedanken, sprach zunehmend seine eigene Sprache und endete bei den unvermeidlichen Grenzsituationen menschlicher Existenz, bei Tod, Leiden, Kampf und Schuld. Über diese Grenze kam er nicht hinaus. Während Kant sich noch am bestirnten Himmel über sich und am moralischen Gesetz in sich begeistern konnte, sprach am Ende aus Karl Jaspers der bedrückte Stolz eines einsamen Denkers. Glücklich war er wohl nicht.

Scharfsinnig beschreibt Karl Jaspers erst als Psychiater, dann als Philosoph die menschliche Existenz. Sein Denken schafft es, dass man wirklich intensiver über sich nachdenkt, dass man bewusster lebt, auch sensibler und aufmerksamer ist für die Zeit und die Welt, in der man lebt. Wie mit Donnergrollen spricht er eindringlich von Tod, Leid, Kampf und Schuld als den unerbittlichen, aber zugleich unvermeidlichen Grenzsituationen jeder menschlichen Existenz, mit denen man ein Leben lang nicht fertig wird. Bei Karl Jaspers gilt nicht »Ich denke, also bin ich«, wie noch bei René Descartes, sondern »Ich leide, liebe und sterbe, also existiere ich«. Doch wie man im tiefen Bewusstsein der eigenen Existenz dann auch wirklich glücklich werden könnte, das wird bei Jaspers nicht klar. Im Gegenteil. Bei seiner Beschreibung der Grenzsituationen menschlicher Existenz droht ein düsterer Himmel ohne einen gnädigen Gott und ohne Götter. Und unter diesem Himmel sitzt ein vor sich hin brütender Karl Jaspers und denkt nach, gequält fast, so wie der Prophet Jeremias an Michelangelos Sixtinischer Decke in Rom, in dem der melancholische Künstler sich selbst porträtiert haben soll. Karl Jaspers lässt sich nicht unterkriegen, wahrhaftig, er kapituliert nicht, er hält aus, was auszuhalten ist, er bleibt sich treu. Aber hoffnungsvoll klingt das alles nicht. Der Tod ist »gewaltsam, er unterbricht; er ist nicht Vollendung, sondern Ende«. Zum Leiden hat er nur zu sagen: »Jeder hat zu tragen und zu erfüllen, was ihn trifft.« Der Kampf des Lebens ist unerbittlich, aber eben auch unvermeidlich, und Schuld bedrückt jeden Menschen gnadenlos. »Das Scheitern ist das Letzte«, sagt Karl Jaspers. Grenzsituationen sind »wie eine Wand, an die wir stoßen«. Was bleibt, ist Tapferkeit und Gefasstheit. Karl Jaspers ist ein Solitär, seine Philosophie hatte etwas Elitäres. Selbst in der Geschichte der Philosophie findet der Heidelberger Denker keinen Trost. Am Ende ist er mit nichts zufrieden, mit Epikur nicht, mit der Stoa nicht, aber auch nicht mit dem Neuplatonismus und seinen Jenseitsvertröstungen. So beschreibt er den Menschen zwar in grandiosen Begriffen, und seine Einsichten sind höchst anregend, aber es bleibt dann doch völlig unklar, was daraus fürs praktische Leben folgt. Kein Wunder, dass das Denken Karl Jaspers' deswegen keine fruchtbaren Auswirkungen hatte. Seine Analysen sind bestechend, seine Folgerungen aber ohne Überzeugungskraft. Die Grenzsituationen enden bei Karl Jaspers im Nichts. Was er selbst zum Thema Glück zu sagen hat, ist ohne großen Enthusiasmus. Er seziert das Glück wie ein Anatom. Es gebe ein Glück, dem man trauen könne, ein Glück, dem man nicht trauen könne, und ein Glück, das man ergreift. Jaspers warnt, das Glück scheine das eigentliche Sein des Menschen sogar zu bedrohen. Dennoch müsse man es »wagen«, glücklich zu sein. »Wunderlich« sei das reine Glück. Glück gebe es nur im Schatten des Leids. Na dann! Glücklich werden, sogar unvermeidlich glücklich werden, wie das gehen soll – Karl Jaspers weiß es nicht und hat es wohl auch nicht erlebt.

Kinder können in aller Heiterkeit beim Spielen die Welt um sich herum vergessen und wirklich glücklich sein. Augustinus hatte sein tiefstes existenzielles Erlebnis, als er einem Kind beim Spielen zusah. Man kann sich eigentlich den grüblerischen Philosophen Karl Jaspers, diese massige Erscheinung, nicht dabei vorstellen, wie er mit interessierter Aufmerksamkeit kleinen Kindern beim Spielen zusieht.

5

DER CLOU
EINE KLEINE PSYCHOLOGIE
DES GELINGENS

Bei einem lustigen Fest meiner beiden Töchter zu ihrem achtzehnten und sechzehnten Geburtstag sollte ich ein paar Worte sagen. Dabei wünschte ich meinen Kindern ausdrücklich keinen Erfolg, denn Erfolg sei im Leben nicht wichtig. Ich wünschte ihnen, dass sie ihre Fähigkeiten mit Engagement einsetzen sollten, dass sie anderen Menschen helfen und Verantwortung übernehmen sollten. Ob das dann Erfolg hätte, sei nebensächlich. Denn der Erfolg hänge von vielen Zufällen ab, von Sympathie und Antipathie anderer Menschen, vom geeigneten oder ungeeigneten Moment, vom richtigen oder falschen Ort und nicht zuletzt von gewissen Fähigkeiten, die man durch noch so viele Bemühungen nicht erwerben kann, sondern die man nun einmal hat oder nicht hat. Und für all das hat man keine Verantwortung, man kann es nicht ändern. »Wenn ihr fleißig für die Schule gelernt habt und dennoch eine schlechte Note nach Hause bringt, dann ist das ganz in Ordnung, und ihr könnt zufrieden mit euch sein.« Ein gelingendes Leben ist kein erfolgreiches Leben.

1
ERFOLGSLEHRER, ERFOLGSTRAINER, ERFOLGSOPFER ODER ABSTÜRZE MIT ANSAGE

Eine Psychologie des Gelingens ist daher keine Psychologie des Erfolgs. Erfolg scheint heute ein anderes Wort für Glück zu sein. Glaubte man tatsächlich den lächerlich schrillen Propagandisten hemmungsloser Lebensgier, so wäre Erfolg, vor allem finanzieller Erfolg, das ultimative Ziel, dem trickreich und rücksichtslos restlos alles zu opfern wäre. Doch das ist bloß ein lukrativer Irrtum. Erfolg ist bloß Erfolg in den Augen der anderen, jener berechenbare Spaß eines Moments, der sich im nächsten Augenblick in nichts auflösen kann. Erfolg bleibt nur eine oberflächliche

Etikette ohne nachhaltigen Wert. Erfolg verwest auf den Friedhöfen dieser Welt. Vincent van Gogh hatte in seinem Leben keinerlei Erfolg. Seine Bilder waren unverkäuflich, er starb arm und krank. Doch wer wird bestreiten, dass das Leben und Wirken dieses großen Künstlers der Menschheit einen unendlichen Reichtum an Inspiration hinterlassen hat. Das, was er tat, war nicht erfolgreich, aber er schuf ohne jede Frage große Kunst. Seine Bilder glückten ihm, sie sind gelungen. Gelingen kann ein Kunstwerk, gelingen kann ein Leben.

Das Leben des Vincent van Gogh schien gescheitert, aber unter der Perspektive, die wir in diesem Buch einnehmen, kann man sein Leben ein gelingendes Leben nennen. Was hier von van Gogh gesagt wurde, das gilt von vielen anderen Menschen. Verarmt zu sterben, das war zuzeiten fast ein Hinweis auf erhabene Kunst. Mozart schuf unsterbliche Musik, bis heute ergreifen seine Kompositionen Menschen aller Völker, doch auch bei ihm kann man nicht gerade von einem erfolgreichen Leben sprechen. Der Salzburger Erzbischof wirft ihn hinaus, der Kaiser ist nicht amüsiert, seine Frau beklagt seine Erfolglosigkeit. Stets ist er in Geldnot. Am Ende stirbt er ausgepowert und enttäuscht, sein Grab wird vergessen. Dennoch war es ein gelungenes Leben, dessen Früchte bis in unsere Zeit hinein Menschen begeistern. Dasselbe gilt für Franz Schubert, aber auch für einen Schriftsteller wie Franz Kafka, der zu seinen Lebzeiten weitgehend unbekannt blieb und heute als meistgelesener Schriftsteller deutscher Sprache gefeiert wird, einen Philosophen wie Sören Kierkegaard und selbst für Christoph Columbus, der selbst nie erfuhr, dass er einen neuen Kontinent entdeckt hatte, und am Ende verkannt und vergessen starb. Dagegen hat Stalin seinen Machtbereich höchst erfolgreich ausgeweitet, Mao hat den Bürgerkrieg erfolgreich gewonnen und auch den Kulturkampf gegen seine Konkurrenten erfolgreich geführt, doch wer wird sagen wollen, die

Massenmörder Josef Stalin und Mao Tse Tung hätten ein gelingendes Leben geführt? Nicht was Menschen als Erfolg verbuchen konnten, sondern was ihnen gelang, gehört zum Erbe der Menschheit.

Natürlich ist Erfolg bei einer Aufgabe, einem Projekt, einem Geschäft nicht schlecht. Die erfolgreiche Verteidigung eines Unschuldigen vor Gericht, die erfolgreiche Reparatur eines fahruntüchtigen Autos, die erfolgreiche medizinische Behandlung eines schwer kranken Patienten sind nicht zu verachten. Aber Erfolge sind Momentaufnahmen eines Lebens, die zudem von Zufällen vereitelt werden können. Und wenn der Erfolg vorbei ist, endgültig vorbei, dann beginnt das Elend des einstmals erfolgreichen Künstlers, der bloß noch ein Schatten seiner selbst ist, wenn er vom früheren Ruhm zehrend und zugleich darunter leidend durch die entlegensten Dorfsäle ziehen muss. Erfolge allein machen jedenfalls nicht glücklich. Im Gegenteil. Wer nur auf Erfolg setzt, wird unvermeidlich unglücklich.

Daher sind Bücher, die den sicheren Erfolg im Leben versprechen, in der Regel unfreiwillige Anleitungen zum Unglücklichsein. Denn es gibt eben nicht die eine Methode für jeden Menschen, Erfolg zu haben. Und je mehr man da Methoden folgt, die für andere Menschen nützlich sein mögen, reagiert man selber eher künstlich und fühlt sich trotz allem angelernten Verhalten doch immer dem Autor des Buches gegenüber vergleichsweise unfähig. Es sind oft verunsicherte Menschen, die von solchen Büchern für sich selbst ganz viel erhoffen. Es gibt auch gut besuchte Tagungen, auf denen rhetorisch clevere sogenannte Erfolgs-Trainer angeblich ultimative Methoden verkaufen, mit denen man dem Schicksal, den eigenen Unfähigkeiten und vor allem allen Konkurrenten ein Schnippchen schlagen kann. Angeblich. Das Publikum wird in eine fast kindliche Situation versetzt und ist dadurch offen für jede Suggestion.

Außerdem entsteht ein Gefühl von Gemeinschaft, das schwachen Menschen das Gefühl gibt, stark zu sein. Diese Masche funktioniert bei uns so gut, weil mindestens die gesamte westliche Gesellschaft immer noch fasziniert ist vom amerikanischen Traum, dass man ohne Weiteres vom Tellerwäscher zum Millionär aufsteigen kann. Dabei wird geflissentlich übersehen, dass die meisten Tellerwäscher auch in Amerika Tellerwäscher bleiben. Wobei es übrigens glückliche Tellerwäscher und unglückliche Millionäre gibt. Dass zufälliger Erfolg nicht glücklich macht, beweisen allein die reißerischen Berichte über unglückliche Lottomillionäre. Das Problem dabei ist, dass Menschen beim zufälligen Unglück und beim zufälligen Glück gleichermaßen aus ihrer gewohnten Bahn geworfen werden. Plötzlich ist alles irgendwie anders im Leben, und man ist darauf überhaupt nicht vorbereitet. Der Lottomillionär hat nie gelernt, vernünftig mit Geld umzugehen, und so zerrinnt manch einem das Geld zwischen den Fingern. Das wäre an sich ja noch kein Unglück, vorher hatte er ja auch nicht viel Geld. Das Tragische ist aber, dass er sich plötzlich in seinem eigenen Leben nicht mehr zu Hause fühlt. Es gibt kaum Berichte über glückliche Lottomillionäre.

Der Erfolgs-Hype treibt merkwürdige Blüten. Die griechische Sage erzählt, dass dem Ungeheuer Minotaurus in seinem Labyrinth auf der Insel Kreta regelmäßig Menschen, Jungfrauen, zum Opfer gebracht werden mussten. Auch der Erfolgskult hat seine Menschenopfer. Auf den Friedhöfen des Erfolgs liegen sie bei lebendigem Leib begraben, die ehemaligen Helden des Erfolgs, die irgendwann abstürzten. Erst konnte man gar nicht genug davon bekommen, mit lüsterner Neugier ihren glanzvollen Aufstieg zu verfolgen. Doch es ist dasselbe Publikum, das dann mit hämischer Schadenfreude ihren schändlichen Absturz bis ins letzte Detail begafft und ihnen am Ende nicht mehr das Geringste gönnt. Hasserfüllt wird hemmungslos auf diese ehemaligen Kinder des Glücks eingeschlagen. Vernichtungsimpulse werden freigesetzt. Karl Theodor zu Guttenberg war unglaublich erfolgreich. In kürzester Zeit gelang es ihm, zum Liebling der Nation aufzusteigen. Der bayerische Ministerpräsident wirkte durch zu Guttenberg sehr schnell wie ein Ministerpräsident auf Abruf, und obwohl Horst Seehofer mit allen politischen Wassern gewaschen war, gab es für ihn überhaupt kein Mittel, sich gegen diesen erfolgreichen Jungstar zur Wehr zu setzen. Karl Theodor zu Guttenberg hätte bloß irgendwo ein Interview geben und sein Interesse an diesem Job bekunden müssen, und schon wäre es das politische Ende des machtbewussten Ministerpräsidenten gewesen. Selbst die Kanzlerin musste irritiert lesen, dass es an der Person ihres Nachfolgers eigentlich keinen Zweifel mehr geben könnte. Sie trug es mit Fassung. Und dann kam die Plagiatsaffäre. Schlaglichtartig wurde klar, dass Karl Theodor zu Guttenberg beträchtlich überschätzt worden war. Ein Mann, dem ein Volk zugetraut hatte, die Führung des ganzen Landes zu übernehmen, war unfähig, diese vergleichsweise einfache Krise angemessen zu bewältigen. Der Erfolgreiche war plötzlich erfolglos. Das verzieh ihm die Öffentlichkeit nicht. Sie verzieh ihm nicht, dass er ihr durch sein ungeschicktes Verhalten das Idealbild des guten Politikers kaputt gemacht hatte. Und nun zeigte sich, wie gefährlich Erfolg sein kann, weil er nicht in einer inneren ruhigen Gewissheit besteht, sondern äußerlich ist und äußerlich bleibt. Dieselben Medien, die den fotogenen Verteidigungsminister noch vor Kurzem im Chor gefeiert hatten, ließen ihn nun erbarmungslos fallen. Er wurde an den Pranger gestellt und als öffentliche Person vernichtet. Das ging so weit, dass er nicht mehr in Deutschland leben konnte und im Ausland Zuflucht suchte. Vertreibung aus der Heimat war im Mittelalter eine grausame Strafe. Dante musste sie erleiden. Wir lehnen so etwas heute eigentlich als unmenschlich ab. Ulli Hoeneß war der erfolgreichste Sportmanager Deutschlands. Die öffentliche Verehrung ging so weit, dass man ihn als moralische Instanz in Talkshows einlud. Er war geschmeichelt und ließ es sich gefallen. Doch als sich herausstellte, dass er diese moralische Instanz gar nicht war, kannte die öffentliche Abscheu auch bei ihm keine Grenzen. Er hätte mit seinem Erfolg als Würstchenfabrikant zufrieden sein können, aber das war ihm nicht genug, er hätte mit seinem Erfolg als Manager bei Bayern München zufrieden sein können, aber auch das war ihm nicht genug, er wollte immer mehr Erfolg. Er war bloß erfolgreich, aber offensichtlich nicht glücklich, und am Ende wurde ihm sogar sein Erfolg zum Verhängnis. Erfolgreich war auch Christian Wulff gewesen. Wer wird schon so jung Ministerpräsident! Christian Wulff wurde sogar der jüngste Bundespräsident Deutschlands. Viele beneideten ihn um seine schöne Frau. Ein erfolgreiches Leben zweifellos. Aber was ist ihm eigentlich in seinem Leben wirklich gelungen? Wahrscheinlich gerade nicht das, was scheinbar so erfolgreich war. Auch er stürzte aus dem Olymp der öffentlichen Verehrung ins Bodenlose. Er verlor sein Amt, seine Frau, seinen guten Ruf. Er hatte sich in allem übernommen. Er war den Anforderungen, denen er sich ehrgeizig gestellt hatte, nicht gewachsen. Wer einmal so weit in die Irre gegangen ist, dass er alles auf den Erfolg setzt, der kann nie zufrieden sein, dem kann sein Leben nicht gelingen, der kann nicht glücklich werden.

Orson Welles hat in seinem Film »Citizen Kane« eindrucksvoll dargestellt, wie ein höchst erfolgreicher steinreicher Zeitungsverleger den Erfolg mit allen Mitteln, mit viel Geld und Einfluss geradezu produzieren will, auch den sängerischen Erfolg seiner katastrophal unbegabten Frau – und dabei tragisch scheitert. Am Ende hat ihn seine Frau verlassen, auch der Erfolg und die Freunde, die seinem Erfolg applaudiert hatten, er wankt durch seinen gigantischen Palast und stirbt als gescheiterter Mensch. »Citizen Kane«, der amerikanische Film über das Scheitern des amerikanischen Traums vom Erfolg, gilt als gelungenster Film aller

Zeiten, übrigens nicht als erfolgreichster. Wer das Glück zwingen will, hat nicht verstanden, was ein gelingendes Leben wirklich ist. So wie »die letzten Menschen« in Friedrich Nietzsches »Also sprach Zarathustra«: »Wir haben das Glück erfunden, sagen die letzten Menschen und blinzeln.«

2 BURKHARD ODER WIE MAN OST-WESTFALEN GLÜCKLICH MACHT

Mein Freund Burkhard ist schwer geistig behindert, bekommt keinen Satz grammatisch richtig auf die Reihe, aber er führt ein in jeder Hinsicht gelungenes Leben. Wenn man ihn in eine Gruppe von 20 depressiven Ostwestfalen setzt, bekommt er die in 20 Minuten in beste Stimmung. Burkhard ist die Stimmungskanone einer Gruppe behinderter und nicht behinderter Jugendlicher, die ich vor über dreißig Jahren in Bonn mehr oder weniger zufällig gegründet habe. Eigentlich war das gar nicht geplant. Die jungen Leute waren im Jahr der Behinderten 1981 gemeinsam nach Rom gefahren, ganz ohne professionelle Betreuer. Anschließend sollte Schluss sein. Aber es war nicht Schluss. Viele Freundschaften waren entstanden, und so wollte man sich weiter treffen, wieder wegfahren, neue junge Leute mitnehmen, und so geht das bis heute. Das Besondere der Gruppe sind nicht die Behinderten, sondern die vielen engagierten Nichtbehinderten. Und ich glaube, dass die kommen, weil Behinderte einfach interessanter sind als wir nicht behinderte Normopathen, weil sie im Grunde oft mit all ihren Einschränkungen ein gelingenderes Leben führen als Menschen ohne Handicaps, die unter ständigem Erfolgsdruck durchs Leben hetzen. Behinderte leben bewusster an den

Grenzen ihrer Existenz, von denen wir Nichtbehinderte leichter weggaffen können. Denn auch wir Nichtbehinderte haben natürlich Grenzen unserer Fähigkeiten, auch wir sind wie alle Menschen auf Hilfe angewiesen, es fällt uns nur nicht so auf. Doch wer diese Grenzen nicht sieht, dem kann das Leben nicht gelingen.

Ein gelingendes Leben führt ein Mensch, der nicht trickst und manipuliert, sondern der redlich versucht, seinen eigenen Fähigkeiten gemäß zu leben. Jeder Mensch hat ganz bestimmte Eigenschaften, über die kein anderer von sechs Milliarden Menschen genau so verfügt, und wenn er glücklich werden will, dann muss er versuchen, sich selbst zu erkennen, seine Bestimmung und damit seine ganz spezielle Chance im Leben wahrzunehmen. Nicht die Ziele, die andere einem Menschen von außen einreden, werden ihn glücklich machen, Glück kommt von innen, aus Selbsterkenntnis und Gelassenheit. Wie erkennt man sich selbst am besten? Eine Psychologie des Gelingens nutzt die Erkenntnisse moderner Psychotherapie, die nicht mehr bloß die Defizite eines Patienten in den Blick nimmt und auch nicht unermüdlich die Frage nach dem Warum umkreist. Um ein gelingendes Leben zu führen, darf man also nicht bloß die eigenen Fehler beobachten und analysieren. Man muss vielmehr den Scheinwerfer der Aufmerksamkeit besonders auf die Ressourcen richten, auf die Kräfte und Fähigkeiten: Wann war ich das letzte Mal glücklich, und was habe ich da gemacht? Vielleicht sollte·ich dasselbe wieder tun. So kann ein Leben besser gelingen. Glück aber ist die Freude am Gelingen. Ein gelingendes, ein in diesem Sinne geglücktes Leben ist ein höchst persönliches Projekt. Niemand anderes kann so glücklich werden, wie ich glücklich war, wie ich glücklich bin und wie ich glücklich sein werde.

3
DIE WENDE ODER EINE FRAGE MIT SPRENGKRAFT

Freilich hilft es nichts, mit rosa Brille durch sein Leben zu tänzeln. Es gibt auch die Schattenseiten, die Probleme, die Begrenzungen, sie gehören dazu. Tatsächlich kann aber die Erinnerung an glückliche Momente des Lebens von einem Moment zum anderen froh machen. Man kann in Situationen, die einen herausfordern, durch Besinnung auf die eigenen Kräfte eine Krise besser bewältigen. Aber das stellt immer noch nicht sicher, dass ein ganzes Leben wirklich gelingt. Wenn einen selbst in den Momenten, in denen etwas wirklich gelungen ist, immer noch schweigend und drohend vom Horizont des Lebens aus der unausweichliche Tod anblickt, das unvermeidliche Leid, die unabwendbaren Auseinandersetzungen in den Kämpfen jedes Lebens und schließlich die unerbittliche Schuld, dann kann man dennoch kein entspanntes glückliches Leben führen. Es hilft also alles nichts. Wer seine zutiefst menschliche Sensibilität nicht durch allerhand Unsinn völlig erstickt hat, spürt stets die untergründige Beunruhigung durch die unvermeidlichen Grenzsituationen menschlicher Existenz, wie Karl Jaspers sie nannte. Wer darauf keine Antwort hat, kann nicht zu wirklichem, ruhigem, selbstgewissem, tieferem Glück durchdringen. Er wird manchmal Erfolg haben, gewiss. Es wird ihm sogar manches dauerhaft gelingen. Aber unbeschwert glücklich wird er so wohl kaum. Deshalb muss uns jetzt die Frage beschäftigen, ob und wie man im Angesicht dieser Grenzsituationen dennoch glücklich sein kann.

Die Antwort hat eine unglaubliche Sprengkraft. Sollte es nämlich tatsächlich überzeugend gelingen, Wege zu finden, wie man sogar in Tod, Leid, Kampf und Schuld glücklich werden kann, dann wäre das nicht nur irgendein Glück, das für einige Amateure der Philosophie zur Verfügung stünde. Da die Grenzsituationen menschlicher Existenz für jeden Menschen gelten und darüber hinaus im Leben jedes Menschen unvermeidlich sind, wären das dann tatsächlich Wege, wie man unvermeidlich glücklich werden könnte.

Und damit bekommt dieses Buch eine spannende Wende. Während wir bisher viel nützliches Wissen über das Glück – und das Unglück – angesammelt haben, angefangen von den Gedanken der frühesten Philosophen bis hin zu den Methoden modernster Psychotherapie, wird es jetzt existenziell. Was jetzt kommt, betrifft jeden von Ihnen, liebe Leserinnen und Leser. Nicht dass Sie all die nun folgenden Überlegungen teilen müssten. Wenn es existenziell wird, wird es immer persönlich. Und was ich hier aufschreibe, ist meine persönliche Sicht auf diese unausweichlichen Fragen. Da werden Sie persönlich an manchen Stellen vielleicht eine etwas andere Perspektive einnehmen. Doch ich behaupte, dass jeder Mensch sich den nun folgenden Fragen unvermeidlich stellen muss, und nicht nur das. Jeder Mensch muss darauf antworten, ob er will oder nicht. Er kann schweigen und sich einer ausdrücklichen Antwort entziehen. Doch das ist auch eine Antwort. Eine manchmal ganz entscheidende sogar. In einem unendlichen Leben könnte man diese Antworten vertagen auf den sprichwörtlichen Sanktnimmerleinstag. Doch weil wir alle irgendwann sterben müssen, weil deswegen jeder Moment unwiederholbar ist, sind wir jeden Moment dazu verdammt, zu entscheiden und uns vor allem den nun folgenden unvermeidlichen Fragen zu stellen. Hinzu kommt, dass all das, was wir in diesem begrenzten Leben tun oder nicht tun, niemals wiedergutzumachen ist. Wir können es nie mehr ändern. Das gilt für scheinbar große und scheinbar kleine Entscheidungen. Wenn ich heute einen Menschen nicht angelächelt habe, der es heute dringend gebraucht hätte, kann ich das niemals wiedergutmachen. Ich kann ihn morgen anlächeln. Da braucht er das aber vielleicht nicht. Jedenfalls ist der unwiederholbare Tag heute für ihn ein trauriger Tag gewesen. Wegen mir. Es gibt Menschen, die sich nach einer Enttäuschung durch einen anderen Menschen umbringen. Den Zurückbleibenden verfolgt mitunter lebenslang das Gefühl, schuldig geworden zu sein. Stefan Zweig schildert in seiner Erzählung »Brief einer Unbekannten«, wie eine junge Frau sich in einen etwas älteren Mann verliebt, ihn beobachtet, sozusagen mit ihm lebt, jahrelang, ohne dass der das auch nur ahnt. Erst nach ihrem Tod erfährt dieser Mann, worin er, ohne es wirklich zu wissen, verstrickt war. Er wird das wohl nie vergessen.

Immer dann, wenn es existenziell wird, können wir dem nicht entweichen. Und die Grenzsituationen menschlicher Existenz sind die tiefsten existenziellen Erschütterungen, die wir alle erleben können – und unvermeidlich erleben müssen. Wenn es aber nun tatsächlich gelänge, gerade in diesen Situationen, die Karl Jaspers so bedrückend schildert, Quellen des Glücks zu finden, dann wäre der Horizont des Lebens nicht nur nicht mehr düster drohend, sondern man könnte in der Tiefe der Existenz unvermeidlich glücklich werden. Und dieser Clou wäre kein Taschenspielertrick, sondern eine ernsthafte Antwort auf eine tiefe Frage. Um das zu belegen, reicht freilich nicht einfach eine Behauptung. Man muss kritisch prüfen, ob man im Tod, im Leid, im Kampf und in der Schuld wirklich ernsthaft glücklich werden kann.

DAS ULTIMATIVE GLÜCK
WIE KANN MAN UNVERMEIDLICH GLÜCKLICH WERDEN?

1 GLÜCKSPILZ – EINE TÖDLICHE KRANKHEIT?

Er stand auf seines Daches Zinnen,
er schaute mit vergnügten Sinnen
auf das beherrschte Samos hin.
»Dies alles ist mir untertänig«,
begann er zu Ägyptens König,
»gestehe, dass ich glücklich bin.«

So lässt Friedrich Schiller seine berühmte Ballade »Der Ring des Polykrates« beginnen. Polykrates selbst ist es, den Schiller auf dem Höhepunkt seines Glücks so sprechen lässt. Die Geschichte des Tyrannen von Samos hatte die alten Griechen tief beunruhigt, die ja nichts so sehr suchten wie das Glück. Lange vor Sokrates, im sechsten Jahrhundert vor Christus, hatte Polykrates auf der Insel Samos die Herrschaft an sich gerissen und alle Gegner überwältigt. Der Geschichtsschreiber Herodot ist es, der uns davon berichtet. Und es ist eine dringende Warnung, die seine Erzählung enthält. Uneingeschränkt glücklich war der unangefochtene Beherrscher von Samos gewesen – und musste dafür schrecklich büßen. So schrecklich, dass es sich Herodot verbietet, Genaueres zu verraten. Diese Geschichte hat 2200 Jahre später Friedrich Schiller zu seinem großartigen Gedicht inspiriert. Dramatisch schildert er, wie dem Polykrates tatsächlich geradezu unvermeidlich alles glückt. Doch sein Freund, der Pharao, fürchtet die Eifersucht der olympischen Götter.

Drum, willst du dich vor Leid bewahren,
so flehe zu den Unsichtbaren,
dass sie zum Glück den Schmerz verleihn.

Und als immer klarer wird, dass das Schicksal dem Herrscher von Samos wirklich alles zum Guten wendet, da drängt der König von Ägypten den Freund, sich wenigstens selbst ein Unglück zuzufügen, um den Neid der Götter zu beschwichtigen. Nun ist auch Polykrates beunruhigt, und kurz entschlossen wirft er das Kostbarste, was er besitzt, einen Ring, den Göttern zum Opfer ins Meer. Als dann aber ein Fischer diesen Ring in einem großen Fisch findet und ihn freudestrahlend dem Polykrates zurückbringt, erschrickt der Pharao zu Tode:

Hier wendet sich der Gast mit Grausen:
»So kann ich hier nicht ferner hausen,
mein Freund kannst du nicht weiter sein.
Die Götter wollen dein Verderben;
fort eil' ich, nicht mit dir zu sterben.«
Und sprach's und schiffte schnell sich ein.

Hier endet Schiller. Herodot aber schildert noch, wie Polykrates am Schluss alles verliert, grausam gequält und ans Kreuz geschlagen wird.

Sollte also am Ende unser Projekt, unvermeidlich glücklich werden zu wollen, illusorisch oder gar gefährlich sein? Ist es also in Wahrheit ein Fluch, unvermeidlich glücklich zu werden? Ist etwa gerade dann das Scheitern gewiss? Tatsächlich, ein mythisches Denken dachte genauso, und die Naturreligionen aller Völker betrieben einen enormen Aufwand, die Götter milde zu stimmen, damit sie den Irdischen mindestens ein klein wenig Glück neidlos gönnten. Doch gerade gegen solches ängstliches Denken rebellierte schon damals die griechische Aufklärung. Die griechischen Philosophen hatten durch die Bank keine Angst mehr vor der Willkür der Himmlischen. Und gerade deswegen machten sie wahres Glück nicht vom Zufall abhängig, sondern von vernünftiger Einsicht in ein vernünftiges Leben. Dieses Denken hat das Christentum dann ohne Abstriche übernommen, das ja gerade gegen die Angst der Heiden angetreten war. Freilich hat der Rückzug des Christentums – und der griechischen Philosophie – in unseren Breitengraden zur Wiederkehr der alten Heidenangst geführt. Der irrationale Aberglaube ist wieder da. Nicht viel anders als zur Zeit der Babylonier und der alten Ägypter fürchtet man wieder schlechte Energien und die Macht der Sterne. Und ein wild gewordener ehemaliger evangelischer Pfarrer Fliege bietet jeden esoterischen Blödsinn an, um Kasse zu machen. Es reicht den neuen Heiden, das Glück per Zufall für einen Moment zu erhaschen und im Übrigen sich mit allem möglichen Unterhaltungsschrott abzulenken von den Bedrohungen des Lebens durch Leid, Schuld, Kampf und Tod.

Denkt man dagegen vernünftig, muss man den Neid der Götter nicht fürchten, wenn man glücklich, gar unvermeidlich glücklich werden will. Doch Vernunft ist nicht gefragt in Zeiten des hektischen Glücks. Das Glück ist zum Fast-Food-Produkt geworden, schnell noch mal eben vor dem nächsten Leid happy sein, vor dem nächsten Fehltritt und sowieso vor dem Tod. Ohne eine gewisse Besinnungslosigkeit kann das nicht funktionieren, und Besinnungslosigkeit ist das Gegenteil von Philosophie, der Lehre vom Glück. Der weltumspannende lärmende amerikanische Erfolgskult hat das Glück, das wirkliche Glück des Menschen vertrieben. Denn sinnloser Erfolg führt bloß zu sinnlosem Glück. Und sinnloses Glück, da waren sich die griechischen Philosophen einig, ist kein Glück.

Freilich, das muss man zugeben, nicht alle Vorschläge der griechischen Philosophen, wie man wirklich glücklich werden könne, waren realistisch. Um sich die Seelenruhe zu bewahren, hatten es zum Beispiel die Stoiker zwar weit gebracht. Sie bemühten sich mit allen Kräften, tugendhaft zu leben, dabei den Tod nicht zu fürchten und sich von Leid, Schuld und Kampf nicht berühren zu lassen. Sie hielten das nicht für leicht, es war eine Lehre für eine Elite, für eine kleine Elite, eine ganz kleine Elite, und am Ende gestand der Stoiker Chrysipp leicht resigniert ein, weil nur der perfekte Stoiker der wahre Stoiker sei, gebe es wahrscheinlich keinen einzigen wirklichen Stoiker, weil auch der, der auf dem Wege zur Tugend Fortschritte mache, ebenso wie der Schlechte im Elend sei. Eine solche hohe Philosophie versagte also schlicht im Praxistest. Um unbedingt in allen Lebenslagen die Fassung zu bewahren, brachten sich Stoiker, wenn sie irgendwie fassungslos zu werden drohten, gerne selber um. Oder doch nicht ganz. Denn sie ließen das dreckige Handwerk des Umbringens gewöhnlich von einem Sklaven verrichten. Heute nimmt man für so etwas übrigens statt Sklaven am liebsten Ärzte. Die stoische Philosophie war eine Philosophie mit Reißleine. Und glücklich wirkten Stoiker normalerweise auch nicht gerade. Für wen der Suizid der Königsweg eines tugendhaften Lebens ist, der feiert keine ausgelassenen Feste. Nicht alle griechischen Philosophen waren freilich Stoiker. Die griechische Philosophie hat zweifellos tiefe Einsichten über das Glück des Menschen gewonnen. Dass man mit der griechischen Philosophie unvermeidlich glücklich werden könnte, darauf allerdings gibt es keinen Hinweis.

Anders dagegen die Erben der griechischen Philosophie, die Christen. Die brachten immerhin in einem späteren Seitenzweig eine Lehre vom unvermeidlichen Glück hervor. Der Genfer Reformator Jean Calvin war der Auffassung, dass es Glück überhaupt nur als unvermeidliches Glück gebe. Und der Einfachheit halber müsste sich der Mensch selbst um sein Glück gar nicht kümmern. Es war nach Calvin Gott selbst, der von vorneherein beschloss, welcher Mensch zum ewigen Glück vorherbestimmt sei, und der wurde dann unvermeidlich glücklich, da konnte er machen, was er wollte. Klingt verdammt entspannt. Glück gratis oder »sola gratia«, um es mit Calvin etwas komplizierter auszudrücken. Man konnte leben wie Sau und kam trotzdem in den Himmel. Weil Gott nicht pingelig war. Das Ganze hatte allerdings einen ziemlich üblen Haken. Wenn man nämlich Pech hatte, dann war man von vorneherein für die Hölle vorgesehen – und konnte auch daran nichts, aber auch gar nichts ändern. Man konnte liebenswürdig sein wie Mutter Teresa, heldenhaft wie die Märtyrer, spirituell wie Franz von Assisi, man landete dennoch unerbittlich in der ewigen Verdammnis. Calvin war von Hause aus Jurist, und Juristen können sehr gut ursprünglich sinnvolle Ideen so gnadenlos konsequent zu Ende denken, dass am Schluss der helle Wahnsinn herauskommt. Gerade so war es Calvin ergangen. Und für die Calvinisten war das ein Problem, ein psychologisches Problem: Im praktischen Leben konnte man einfach nicht in der dauernden Ungewissheit leben, ob man nun nach göttlicher Willkür für den Himmel oder für die Hölle vorgesehen war. Und so schufen sich die Calvinisten wenigstens ein Schlupfloch, ein Schlüsselloch, durch das sie schon mal nachsehen konnten, ob sie erwählt seien. Sie behaupteten, der wirtschaftliche Erfolg zeige, ob man Gott gefalle. Überall auf der Welt, wo moderner systematischer wirtschaftlicher Erfolg aufblühte, findet man irgendwo ganz tief an der Wurzel ein kleines verschworenes Grüppchen bienenfleißiger Calvinisten. Ob das nun Schweizer Wertarbeit, holländischer Handelseifer oder die unermüdlichen frommen amerikanischen Unternehmer waren, man genoss seinen Reichtum nicht, man tat seine christliche Pflicht, rechtschaffen, bescheiden, aber nicht ohne Stolz auf seinen Erfolg. Dass letztlich nur wirtschaftlicher Erfolg glücklich

mache, dieser zündende Gedanke der amerikanischen Ost-
küste, stammt ursprünglich von der Westküste, der Westküste des Genfer Sees. Von etwas übertrieben frommen
Leuten stammte er. Und deswegen war er auch, wie soll ich
sagen, ein kleines bisschen verklemmt. Berstend glücklich
wirkten sie tatsächlich nicht, die wackeren calvinistischen
Multimillionäre der Neuen Welt. Als einer von ihnen vom
Arzt wegen irgendeiner Krankheit Austern verschrieben
bekam, weigerte er sich. Das sei Luxus, und Luxus sei nicht
gottgefällig. Doch der Arzt bestand darauf, und so aß der
gute Mann die Austern dann doch – aus Pflicht, nicht zum
Genuss. Ein Jammer für die armen Austern! Leider hat die
Medizin heute nur noch erheblich weniger schmackhafte
Rezepte zu bieten. Jedenfalls bekam niemand das unver-
meidliche Glück der Calvinisten mit, denn das gab es, wenn
überhaupt, erst nach dem Tod, und vor dem Tod galt die Welt
als unglückliches Jammertal. Der rheinische Kabarettist
Konrad Beikircher pflegt deswegen den alten Protestanten
als abgehärmte bemitleidenswerte Person zu beschreiben.
Von der Fröhlichkeit der wirklichen Griechen waren diese
Leute meilenweit entfernt, von katholischer Lebensfreude
allerdings auch. Kein Wunder, dass sie auch die griechische
Philosophie nicht schätzten. So war das Glück am Ende bei
der calvinistischen Variante des Christentums doch fak-
tisch wieder bloß Zufall, auch wenn sie das lieber göttliche
Gnade nannten. Doch wenn der göttliche Ratschluss absolut unerforschlich und unbeeinflussbar blieb, dann war das
Glück jedenfalls für dieses Leben überhaupt kein Thema
und die Unvermeidlichkeit des Glücks schon gar nicht.

Nachdem wir also keine Angst vor neidischen Göttern
haben müssen und wir uns daher nicht bange machen lassen von Astrologen und anderen irrationalen Unsinnver-
breitern und sich die Stoiker und die Calvinisten als düstere
Sackgassen des Glücks erwiesen, in denen sich gar keine
wirklichen Menschen aufhielten, da es den glücklichen Stoi-

ker nur in der Theorie und den glücklichen Calvinisten nur im Himmel gab, sollten wir auf der Suche nach dem unvermeidlichen Glück wieder mit Schwung auf die Hauptstraße zurückkehren, auf der wir ja schon weit vorgedrungen waren. Vom Philosophen Karl Jaspers hatten wir da bereits einige bemerkenswerte Hinweise bekommen. Dieser Mann interessierte sich nicht fürs Jenseits, sondern fürs Diesseits, und daher interessierte er sich nicht dafür, ob Himmel oder Hölle unvermeidlich sind oder auch nicht, und auch nicht für elitäre Theorien, sondern für die unvermeidlichen Grenzsituationen menschlicher Existenz mitten in diesem Leben, in jedem Leben, auch im Leben von Ihnen und mir, liebe Leserinnen und Leser. Freilich wissen wir schon, dass der grüblerische Karl Jaspers eher ein Spezialist für die Unvermeidlichkeiten des Lebens war als für das Glück. Andererseits wurde immer klarer, dass wirkliches tiefes Glück nur möglich ist, wenn die unvermeidlichen Grenzsituationen im Leben jedes Menschen, wenn Leid, Schuld, Kampf und Tod nicht mehr als dauernde unerbittliche Bedrohung erlebt werden, die jedes kleine kurze Glück als lächerliche Illusion entlarven. Denn wer versucht, diese Grenzsituationen einfach auszublenden, der ist vielleicht mal glücklich beim Kiffen, aber eben nicht definitiv und nachhaltig. Ein Buch vom Glück, das einfach bloß geschwätzig über diese unvermeidlichen Themen hinwegstolpert, läuft Gefahr, zynisch zu werden, denn es lässt Menschen gerade in höchster Not im Stich.

Unser Projekt ist daher durchaus anspruchsvoll. Glück ist ja nicht einfach verfügbar wie eine Droge: Man hat da irgendeine Methode und schwupp! ist man glücklich. Dass Glück mühelos sei, das könnten tatsächlich eigentlich nur radikale Calvinisten und manische Spieler behaupten. Das Leben ist kein Kinderspiel. »Wenn's köstlich gewesen ist, dann ist es Mühe und Arbeit gewesen«, sagt der weise Psalmist. Auch Herakles wählt nicht den scheinbar leichten, sondern den mühevollen Weg zum Glück. Und es soll hier auch nicht einfach um das kurze Glücksgefühl gehen, das man zwar nicht absichtlich produzieren kann, das sich aber glücklicherweise ab und zu einmal einstellt. Über diese Gefühle kann man keine Bücher schreiben. Und es geht auch nicht bloß um beliebige subjektive Glücksgefühle. Es gibt Menschen, die fühlen sich subjektiv in einem Folterkeller sauwohl. Darüber muss man keine Bücher schreiben. Es geht um existenzielles Glück für jeden Menschen im vollen Bewusstsein des realen menschlichen Lebens. Und zu diesem realen Leben gehören unvermeidlich Leid, Schuld, Kampf und Tod. Wer dazu nichts zu sagen hat, der kann letztlich auch zum Glück, zum wirklichen Glück im Leben eines Menschen, nichts sagen.

Wenn wir also nicht bloß dem gestillten Säugling, der noch nichts kennt von den Gefährdungen des Lebens, unvermeidliches Glück zugestehen wollen, sondern auch dem Menschen, der um sein Leben weiß, dann kommen wir nicht darum herum, jetzt neugierig danach zu forschen, ob nicht in Leid, Schuld, Kampf und Tod Quellen des Glücks eines Lebens zu finden sein könnten.

2
LEIDEN – ÜBER EINEN VERZOGENEN PRINZEN UND EINEN BRÜLLENDEN PFARRER

Es kam völlig unerwartet. Am 26. Januar 2015 sehe ich das »Heute-Journal«. Ein Bericht über den Holocaust am Vorabend des Jahrestages der Befreiung von Auschwitz. Ein freundlicher älterer Herr wird gezeigt. Yehuda Bacon war als 14-Jähriger mit seiner ganzen Familie nach Auschwitz verschleppt worden. Irgendwie war nur er gerettet worden. Und er hatte mit äußerster Präzision das Grauen in sich aufgenommen. Er hatte es gezeichnet, so genau, dass seine Zeichnungen beim Auschwitz-Prozess als Beweismittel zugelassen wurden. Der alte Mann wirkt bescheiden, liebenswürdig und immer noch höchst aufmerksam, mit wachen lebendigen Augen. Es ist ein guter Bericht, nichts Spektakuläres. Doch am Schluss der Sendung sieht man plötzlich erneut Yehuda Bacon. Und was er sagt, ist ein Ereignis: »Das Leiden«, sagt Yehuda Bacon langsam, »das Leiden kann einen Sinn haben, wenn es uns so tief erschüttert, dass wir erkennen, dass der andere, jeder andere, ist so wie ich selbst, dass wir grundsätzlich Menschen sind. Was ist sinnvoll nach dem, was ich erlebt habe, kann man irgendwie einen Sinn darin sehen? – Und ich denke: Ja. Wenn wir uns öffnen und der andere sich auch öffnet, kann passieren, was ich fast ein Wunder nennen möchte. Es gibt ein Wort, das vielleicht heute verpönt ist: die Liebe geben. Im höchsten Sinn. Nicht etwas Billiges oder so« – er lächelt – »aber die Liebe, dass das Leben einen Sinn haben kann, wenn wir zu der Erkenntnis kommen, dass grundsätzlich wir alle dieselben sind.« Auch vom Glück redet Yehuda Bacon: Sein Glück sei gewesen, dass er in Israel die großen Humanisten des 19. Jahrhunderts erlebt habe. Das habe ihm die Hoffnung gegeben, dass noch Menschen im besten Sinne existierten.

Wer es wagt, sich ernsthaft der Frage zu nähern, ob es im Leiden so etwas wie Glück geben könne, kommt an Auschwitz nicht vorbei. Und vielleicht hat nur jemand, der selber in Auschwitz war, das Recht, die Tür zu diesem Kapitel zu öffnen. Glück nicht bloß trotz des Leidens, sondern sogar im Leiden? Viktor Frankl war ein berühmter Psychiater. Er hat in zahlreichen Büchern äußerst effektive Psychotherapieinterventionen beschrieben, und er hat die Logotherapie erfunden. Sein ergreifendstes Buch aber war »... trotzdem Ja zum Leben sagen. Ein Psychologe erlebt das KZ«. Viktor Frankl war als Jude nach Theresienstadt gekommen und auch nach Auschwitz, wo alle seine Angehörigen ermordet wurden. Das Menschenverachtende seiner Situation konnte er ertragen, so berichtete er später, indem er sich vorstellte, er würde später über diese Zeit einen Vortrag in der Wiener Volkshochschule halten. So distanzierte er sich innerlich durch den Gedanken an die Zukunft von der entsetzlichen Gegenwart und konnte dem Wahnsinn trotz des Wahnsinns für sich selber Sinn verleihen. Aber konnte es wirklich sogar Glück im entsetzlichen Leiden des KZs geben? Viktor Frankl führte später stets ein Foto mit sich, das einen Blick in die Krankenbaracke des Konzentrationslagers zeigte. Dieses Foto, so hat er später gesagt, erinnere ihn an den glücklichsten Tag seines Lebens. Wenn man Sinn im Leiden sehen kann, dann kann man tatsächlich im Leiden glücklich werden. Viktor Frankl ist das gelungen.

Was haben die Religionen zum Leiden zu sagen? Die Religion, die sich vielleicht am intensivsten mit dem Leiden befasst hat, ist der Buddhismus. Der Buddhismus ist das Ergebnis einer misslungenen Erziehung. Es war im sechsten Jahrhundert vor Christus, als ein adliges Elternpaar in Indien ein Experiment startete. Sie wollten ihren Sohn so erziehen, dass er niemals mit Leiden in Berührung kommen sollte. So fehlte es dem jungen Gautama an nichts. Doch irgendwie war das ein Leben ohne Geschmack, ohne Gefühl, ohne Tiefe. Da, eines Tages geschah es. Als Gautama seinem goldenen Käfig entwich, begegnete er unerwartet dem realen Leben. Er sah erstmals einen schwachen Greis, er erblickte einen Fieberkranken, und eine Leiche wurde an ihm vorübergetragen. Das warf den jungen Mann aus der Bahn. Ruhelos zog er nun durchs Land, um die Antwort auf das zu finden, was ihn da tief erschüttert hatte. Am Ende schuf er eine Lehre, die dem Leid entflieht ins leidlose Nirwana, jenseits eines Lebens, in dem Leiden, das wusste schon Buddha, der Erleuchtete, wie Gautama später genannt wurde, unvermeidlich war. Der Buddhismus hat eine hohe Virtuosität entwickelt, wie man dem Leiden entfliehen kann. Im Leiden glücklich zu sein, das hätte er gewiss für unmöglich gehalten, der vom Leiden früh traumatisierte indische Prinz. Glück und Leid, das ging für ihn einfach nicht zusammen. Und weil auch Buddha wusste, dass mit der realen Existenz des Menschen unerbittlich reales Leid verbunden ist, war das letzte ersehnte Ziel, das höchste Glück, das Nirwana, ganz weit weg von der realen Existenz des Menschen. So weit weg, so unwirklich, dass Nirwana im Westen – gewiss falsch – mit »Nichts« übersetzt worden ist. Allerdings ist das, was im Nirwana von der individuellen Person noch übrig bleibt, dann doch so vage, dass es nicht weit von nichts entfernt ist. Und das liegt an dem Versuch, das Leid mit Gewalt aus dem Leben eines Menschen herauszuoperieren. Das muss misslingen, so wie es dem Shylock in Shakespeares »Kaufmann von Venedig« nicht möglich ist, Fleisch aus dem Körper seines Schuldners zu schneiden, ohne dabei Blut zu vergießen. Denn Hand aufs Herz, liebe Leser, würde nicht Wesentliches von Ihrem persönlichen Leben fehlen, wenn die Phasen Ihres Lebens, in denen Sie gelitten haben, komplett gelöscht würden, wären das dann noch Sie, Sie selbst? Gewiss, Sie werden das vergangene Leiden nicht noch einmal erleben wollen, aber es gehört zu Ihnen als Person, untrennbar, für immer. Dem Buddhismus dagegen ist alles Individuelle, Personale, Erdverbundene nur ein Hindernis, das überwunden werden muss. Das macht diese Lehre auch so attraktiv für Menschen, die einfach mal Urlaub vom Ich machen wollen. Und es sind nicht wenige, die den Ego-Stress nicht mehr aushalten, die keine Lust mehr haben, sich selbst unentwegt zu verwirklichen, für alles Mögliche die persönliche Verantwortung zu übernehmen, und die dauernd beweisen müssen, dass sie beruflich, privat und überhaupt ein toller Kerl sind, höchst individuell, höchst originell, besser als alle anderen. Der Buddhismus wirkt da absolut entspannend. Seit über 2500 Jahren hat er ausgefeilte Methoden entwickelt, wie man sein Türschild abmontieren kann, damit man persönlich für niemanden mehr zu erreichen ist, am besten auch nicht für sich selbst. Und das ist als Entspannungsübung zeitweilig gar nicht so übel. Doch als Lebensprogramm taugt es nicht, jedenfalls nicht fürs reale Leben. Denn der Buddhist auf der Flucht vor dem Leid und auf der Suche nach dem Glück, von dem er viel redet, fantasiert sich am Ende dann doch nur wieder in den goldenen Käfig von Buddhas künstlicher leidloser Kindheit hinein. Das wirkliche, pralle, tiefe Glück aber wird er da wohl vergebens suchen.

Der Buddhismus flieht vor dem Leiden. Das Christentum tut das Gegenteil. Die Christen hängen sich einen schrecklich leidenden Menschen am Kreuz ins Wohnzimmer. Was soll das? Die Christen sind, was das Leiden betrifft, illusionslos. Das Leid ist da. Da hilft kein ostasiatisches autogenes Training, und man kann davor auch nicht die Augen verschließen, dann rennt man nämlich nur gegen die Wand, und das tut auch weh. Und die Christen weigern sich, an irgendeinen jenseitigen göttlichen Weltenbaumeister zu glauben, der eine Welt geschaffen hat, die leider etwas pannenanfällig ist. Die Panne der Welt wäre dann das Leid, leider. Ein solcher Gott könne nur ein Zyniker sein, hat Henrik M. Broder dazu einmal mit Recht bemerkt. Die Christen dagegen glauben an einen mitleidenden Gott, der wirklich Mensch geworden ist, als Mensch gelitten hat und am Kreuz gestorben ist. Auf die ernste Frage »Wo war Gott in Auschwitz?« hat der katholische Philosoph Robert Spaemann die Antwort gegeben: »Am Kreuz!« Christen laufen vor dem Leid nicht davon, sondern sie versuchen, das Leben zu bewältigen, indem sie anderen Menschen helfen, aber auch mit ihnen mitleiden. Das Mitleid mit den Schwachen und Leidenden ist eine christliche Erfindung. Die Heiden hatten kein Mitleid, behinderte Kinder wurden rücksichtslos im Gebirge ausgesetzt. Man wollte sich von solchen von den Göttern gestraften Kreaturen nicht den Heidenspaß verderben lassen. Und Christen versuchen, eigenes Leid, wenn es nicht vermeidbar ist, im Glauben an einen mitleidenden Gott zu ertragen. Dazu haben sie sich zum Beispiel ins Leiden Christi hineinversetzt, ins Leiden seiner Mutter, und sie haben darin Trost gefunden für eigenes Leid. Sie haben versucht, das Leid nicht als höchstpersönliche Katastrophe zu verstehen, sondern eigenes Leid spirituell aufzuopfern für andere und scheinbar sinnlosem Leid dadurch Sinn zu verleihen. Keine Religion hat sich dem Leid so rückhaltlos gestellt wie das Christentum. Natürlich gab es Missbräuche in 2000 Jahren Christentum. Es gab Leute, die das Leid geradezu suchten, die es hochjubelten oder mit irgendwelchen frommen Sprüchen über reales Leid hinwegschwätzten. Doch das waren bloß Abwege.

Das Christentum ist ein Fremdkörper in der Welt der Religionen. Denn bei ausnahmslos allen anderen Religionen wurde Leid von den Göttern oder von Gott ferngehalten. Ein leidender Gott, das war ein Widerspruch in sich. Wer so etwas behauptete, der fiel mit Pauken und Trompeten durch im heidnisch-griechischen und überhaupt in jedem anderen Religionsunterricht. Vor allem für die Griechen war klar: Wer behauptete, Gott leide, der musste barbarisch, verrückt oder gar Atheist sein. Und auch leidende Menschen mochte man nicht. Vielleicht erinnern Sie sich noch an den griechischen Philosophen Hegesias, der meinte, wer es nicht wenigstens schaffe, von Unlust befreit zu sein, der solle sich doch am besten gleich umbringen. Der zum Tode Überredende wurde Hegesias genannt. Heutzutage bekäme der Mann vielleicht bald eine Planstelle bei irgendwelchen Krankenkassen unter Kostendruck, natürlich erst nachdem ein paar lästige gesetzliche Hürden gefallen sind.

Das Christentum hat aber nicht bloß das Mitleid erfunden, sondern auch das moderne Individuum. Das klingt jetzt vielleicht etwas vollmundig. Doch tatsächlich kommt der moderne Personenbegriff letztlich aus der christlichen Dreifaltigkeitslehre. Dass der eine Gott in drei Personen existiert, dass Gott Mensch geworden ist, dass er jeden Einzelnen für immer beim Namen gerufen hat, das ist der Stoff, aus dem das Interesse an der einzelnen Person entstanden ist, an ihrer Psyche, an ihren Leidenschaften. Deswegen hat nicht ein Buddhist oder ein Schamane das erste psychologische Buch der Welt geschrieben, sondern der afrikanische Christ Aurelius Augustinus. Und aus dieser alten christlichen Wurzel stammt bis heute das westliche Interesse am Persönlichen bis hin zum überkochenden Interesse am Höchstpersönlichen bei öffentlichen Debatten und zur außer Rand und Band geratenen Neugier auf intime Berichte in den Klatschspalten gewisser Gazetten, wo enthüllt wird, dass irgendeine Diva herzzerreißend leidet – an ihren Falten. Gut, es wäre jetzt vielleicht nicht ganz fair, dem persönlich so offenherzigen Augustinus von Hippo die Schuld an der »Gala« zu geben, doch ohne das Christentum, ohne Augustinus vielleicht auch keine Klatschpresse, vor allem nicht diese Klatschpresse und übrigens auch keine schmachtenden Schnulzen. Es gibt leider immer missratene Kinder. Es gibt aber auch wohlgeratene Kinder: Jede gute Literatur habe mit Leiden zu tun, hat Marcel Reich-Ranicki einmal gesagt. Und der Literaturnobelpreisträger Bertrand Russell, Atheist auch er, formulierte noch radikaler: »Ohne Leiden gibt es keine Kultur.« Das Christentum floh nicht vor dem Leiden ins Überpersönliche. Es hoffte nicht auf die esoterische Auflösung der endlichen Person ins unendliche All. Im Gegenteil, das Christentum betete eine Person an, die Person Gottes. Und es sah die Würde jedes Menschen in seiner Gottebenbildlichkeit, seiner Gottebenbildlichkeit als Person. Um das Glück, das ewige Leben dieser Person ging es den Christen. Die Religion des Mensch gewordenen Gottes lenkte die Aufmerksamkeit so auf die Leidenschaften und Passionen des Menschen, des einzelnen Menschen. Das Leiden, die Passion Christi regte dazu an. Die abendländische Kunst hat das später sichtbar gemacht in den hinreißenden beseelten Madonnenbildnissen Giovanni Bellinis, im rätselhaften Lächeln der Mona Lisa und in der feinen Psychologie der Selbstbildnisse des Rembrandt van Rijn. Daher lebte das frühe Christentum nicht von theoretischen Lehren, sondern vor allem von Lebensberichten, von Berichten über das Leben und Leiden Jesu, den Evangelien, und von Berichten über das Leben und Leiden der Märtyrer, die für ihren christlichen Glauben starben. Der heidnische Pöbel staunte sie an wie Zirkusnummern, diese Christen, die offenbar im Leiden glücklich sein konnten. Und die heidnischen Philosophen, die sich leidenschaftlich um Leidenschaftslosigkeit bemühten, rümpften die Nase. Dem Leiden nicht ins Unpersönliche entfliehen, sondern im Leiden Sinn und Glück, letztlich ewige Glückseligkeit suchen, darum ging es den Christen.

Es würde zu weit führen, alle Beispiele dafür aufzuzählen, wie Christen im Leiden Glück fanden. Da sind ja nicht nur die Märtyrer. Da gab es Anna Katharina Emmerick, eine Mystikerin, die sich psychisch so intensiv in das Leiden Christi vertiefte, dass sie, wie man glaubte, seine Wundmale bekam. Man hat es immer merkwürdig gefunden, dass der Schriftsteller Clemens von Brentano volle fünf Jahre seines Lebens damit verbrachte, sich ihre Visionen, vor allem des Leidens Jesu, erzählen zu lassen und sie aufzuzeichnen. Anna Schäffer war eine schlichte fromme bayerische Magd. Durch einen Unfall fast 25 Jahre lang ans Bett gefesselt, wurde ihr Krankenbett zur Pilgerstätte für Trost suchende Menschen. Dreizehn Jahre lang war der Erzbischof von Saigon Franz Xaver Van Thuân im Gefängnis, neun Jahre davon in Einzelhaft. Wer ihm anschließend begegnete, erlebte einen glücklichen Menschen.

Ich habe aber auch ganz normale Menschen erlebt, die im Leid glücklich sein konnten. Am eindrucksvollsten war für mich ein Ehepaar, dessen drei Söhne plötzlich mit etwa zehn Jahren eine unheilbare Muskelerkrankung bekamen. Alle drei landeten im Rollstuhl, und die Eltern bemühten sich ganz unspektakulär um sie. Es herrschte eine nüchterne, liebevolle, glückliche Atmosphäre in dieser Familie. Nach und nach starben die drei mit etwa 20 Jahren, der älteste zuletzt. Ich kannte ihn gut, nie hat er mit seinem Leiden gehadert. Noch heute besitze ich ein Bild von ihm, das er mit viel Mühe gezeichnet hat. Bei seiner Beerdigung teilte mir seine Mutter beiläufig mit, sie wollten jetzt ein behindertes Kind adoptieren. Da war ich sprachlos. Wie man im Leiden glücklich sein kann, das habe ich bei diesen Menschen gelernt. Wenn es mir selbst später mal nicht so gut ging, dann habe ich immer mal wieder an diese Familie gedacht – und gleich ging es mir besser. Richard David Precht schreibt: »Manche Menschen mit fürchterlichen Leiden sagen, dass sie seit ihrer Erkrankung intensiver leben.« Und

Friedrich Nietzsche hat gesagt: »Der große Schmerz ist der letzte Befreier des Geistes.« Wie im Leiden unglaubliche Kräfte freigesetzt werden können, das hat Anne Frank mit ihren Tagebüchern bewiesen oder die taubblinde geniale amerikanische Schriftstellerin Hellen Keller.

Allerdings scheint es so, dass man die Kunst, im Leid glücklich zu sein, zu verlernen beginnt. Wir leben in einer anästhetischen Gesellschaft, die dem Leid wenn schon nicht buddhistisch, so doch wenigstens analgetisch oder sonst wie technisch zu entgehen versucht. Die *happy few*, die wenigen zeitweilig Schönen und vorläufig Reichen, exhibitionieren ihr seichtes Leben, in dem Leiden eigentlich nicht vorkommt, höchstens das Leiden an ein bisschen zu runzeliger Haut. Die Antwort darauf ist nicht etwa Altersweisheit, sondern das Skalpell des Schönheitschirurgen. Eine ziemlich zeitweilige und höchst vorübergehende Antwort, wie jeder weiß. Und so wirken die *happy few* für die wenigen Jahre, die ihnen noch bleiben, zwar nicht wirklich glücklich im Leben, aber wenigstens straff im Gesicht. Leid wird zum reinen Entsorgungsproblem. Da das aber nicht funktioniert, beginnt man damit, nicht das Leid, sondern den Leidenden zu entsorgen. Alte, Kranke, Behinderte werden da zum Problem. Kann man sich eigentlich selbst seinen Lieben noch zumuten? Man sucht Auswege. Exit heißt eine solche Organisation in der Schweiz. Glück hat sie nicht im Angebot.

Der Mensch werde vom Leid erst gehärtet, um das Glück ertragen zu können, so wie der Ton im Feuer gebrannt werde, um das Wasser fassen zu können, hat Augustinus gesagt, der Leiderprobte. Das Kunstwerk, in dem der Glaube der Christen, dass man im Leid glücklich sein kann, am berührendsten zum Ausdruck kommt, ist Michelangelos Pietà in Sankt Peter in Rom. Maria trägt Jesus, ihren toten Sohn, auf dem Schoß. Das Leid, die Verzweiflung, die Empörung einer gequälten Seele, in den zuckenden Gewandfalten der Madonna kann man sie noch ahnen. Doch je mehr es auf das Gesicht zugeht, desto gelassener gleitet der Stoff, und wenn man dann endlich in jenes Angesicht der jugendlichen Mutter Jesu schaut, in dem das Leid zu einer beseelten Ruhe gekommen ist, dann kann man plötzlich verstehen, was Erlösung ist. Glück im Leid, im anmutigen schönen Gesicht Marias kann man das sehen. Die Schönheit wird die Welt retten, hat Dostojewski gesagt.

Im sogenannten Heiligen Jahr 2000 war ich bei einer internationalen Tagung in Rom. Die Gruppe nahm teil am Märtyrergedenken, das in den Katakomben gefeiert wurde. Damit ein Mensch als Märtyrer verehrt werden kann, prüft die katholische Kirche erst, ob er wirklich den katholischen Glauben bekannt hat und dafür gestorben ist. Für die Heiligsprechung eines Märtyrers braucht es kein eigenes Zeichen Gottes, also kein Wunder, der Märtyrertod selbst gilt als Fingerzeig Gottes. Jedem Teilnehmer unserer Gruppe hatte man eine Kerze in die Hand gedrückt. Und so gingen wir durch die Gänge vorbei an offenen Grabkammern zu einem Ort, den man als Kapelle eingerichtet hatte. Es gab einen Gottesdienst, und dann wurden im Dämmerlicht der Kerzen einige Märtyrergeschichten vorgelesen. Gottesdienste hatten die frühen Christen an diesen Orten wahrscheinlich gar nicht gefeiert, das wusste ich, und außerdem waren das gar nicht alles Christengräber, hier wurden auch Heiden bestattet. Da wurde ich plötzlich aus meinen Gedanken gerissen. Gerade war eine junge Frau ans Lesepult gegangen. Auf Deutsch las sie die Geschichte eines protestantischen Pfarrers vor: Paul Schneider. Er hatte aus seinem Gewissen heraus gegen das nationalsozialistische Regime protestiert und war deswegen ins KZ gekommen. Man hatte ihn in einer Zelle ganz in der Nähe des riesigen Appellplatzes untergebracht. Wenn an kirchlichen Feiertagen Tausende todgeweihter KZ-Häftlinge auf dem Platz antreten mussten, fing er in die Stille hinein aus seiner Zelle heraus mit seiner lauten Stimme an, den Menschen Mut zuzusprechen und zu predigen. Alle standen schweigend in Reih und Glied auf dem Platz und hörten das. Kurz nachdem er begonnen hatte, kamen die Peiniger in seine Zelle und peitschten ihn mit lauten Schlägen aus. Auch das konnten alle hören. Dennoch, an jedem Feiertag predigte er erneut. Mit denselben Folgen. Am Ostersonntag hatte er sich wieder an den Gitterstäben seiner Zelle hochgezogen, und die Gefangenen hörten plötzlich seine kraftvolle Stimme: »Kameraden, hört mich. Hier spricht Pfarrer Paul Schneider. Hier wird gefoltert und ermordet. So spricht der Herr: Ich bin die Auferstehung und das Leben ...« Und kurz danach hörte man wieder in die Stille hinein die Peitschenhiebe. Am Ende hat man auch ihn umgebracht. Später berichteten KZ-Häftlinge, die das erlebten, wie bewegt sie alle waren von dem Mut, der Energie und dem unbezwingbaren Willen dieses Mannes. Paul Schneider hatte ihnen inmitten dieses Grauens das Gute im Menschen gezeigt. Als ich diese Geschichte im Dämmer dieser Katakombe hörte, war bei mir plötzlich alles helle Aufmerksamkeit. Was passierte hier? War hier nicht soeben in einem katholischen Gottesdienst ein protestantischer Pastor sozusagen heilig gesprochen worden? Und als mir dann beim Umherschauen auffiel, dass ich soeben neben Kardinal Macharski gestanden hatte, dem polnischen Erzbischof von Krakau, der selbst unter deutscher Besatzung gelitten hatte und in dessen Diözese Auschwitz liegt, hatte ich das Gefühl eines existenziellen Moments. Der protestantische Pfarrer Paul Schneider hatte mit einer einfachen Geste unermüdlich gezeigt, dass Leid sinnvoll sein kann. Er hatte sich, selbst ein Todgeweihter, für ein wenig mehr Hoffnung für andere Todgeweihte immer wieder prügeln lassen. Und das wirkte bis heute, auch auf diese gebannt lauschenden Menschen aus aller Herren Länder hier tief unten in dieser römischen Katakombe. Das wirkte tröstend und versöhnend.

Dieses Leiden war absolut sinnvoll. Doch war Paul Schneider dabei glücklich, oder war er nicht eher ein bisschen verrückt? Paul Schneider war ein pflichtbewusster Mann. Die Nazis hatten Aufsehen vermeiden wollen und ihm angeboten freizukommen, wenn er sich nur bereit erkläre, die Rheinprovinz nicht mehr zu betreten. Doch er weigerte sich, da in der Bibel stehe, man müsse Gott mehr gehorchen als den Menschen. Ein Hirt dürfe seine Herde nicht verlassen, und seine Gemeinde lag in der Rheinprovinz. Paul Schneider hätte nicht leiden müssen, er hätte sich nicht prügeln lassen müssen, aber er hatte eine starke innere Gewissheit, dass er das Richtige tue. Dieser Mann war nicht schwach, nicht verrückt, er war und blieb auch im Gegenwind er selbst. Alle Menschen wollen glücklich sein. Das stimmt nicht erst seit Aristoteles. Paul Schneider wäre draußen, außerhalb seiner Gemeinde, niemals glücklich geworden. Er war wohl auf seine Weise glücklich, weil er einen Sinn in seinem Leben und auch in seinem Leiden sah, weil er tat, was er für seine Pflicht hielt, freiwillig, leidend, aber unbeirrbar. Seine Mitgefangenen haben das nie mehr vergessen.

Ist es also eine christliche Spezialität, im Leiden glücklich sein zu können? Karl Jaspers war kein Christ, er empfand diese Religion, wohl jede Religion, als leicht pöbelhaft. Doch auch er hat zum Leiden Erstaunliches zu sagen. Im Grunde ist es ihm zuwider, das Leid. Bedenklich sinniert er über »Krankheiten, die ... den Menschen unter sein eigenes Wesen sinken lassen«. Doch er warnt vor der Flucht vor dem Leiden durch allerlei Täuschungen, sinnlose Aktivitäten und aberwitzige Verirrungen. Man müsse sich dem Leiden stellen. Dann aber könne Überraschendes passieren. Dann nämlich könne wirkliches Leiden wirkliches Glück erwecken: »Die Wahrheit des Glücks ersteht auf dem Grunde des Scheiterns.« Und an dieser Stelle geht Jaspers sogar noch einen Schritt weiter. Der einsame Denker blickt plötzlich auf aus seinem Lehrsessel und verkündet, im Leiden könne der Mensch sich selbst überschreiten, er könne für andere mitleiden, so wie andere stellvertretend für ihn leiden könnten. Für Karl Jaspers jedenfalls gilt: Nur wer tiefes Leid tief erfahren hat, kann wirklich glücklich werden, und zwar dadurch, dass er in diesem Leid einen Sinn sieht, der über ihn selbst hinausweist.

Leiden ist unvermeidlich, und es zeigte sich, dass man im Leiden glücklich sein kann. Wenn das aber so ist, dann kann man tatsächlich unvermeidlich glücklich werden. Damit wäre bereits die Frage beantwortet, um die es in diesem Buch geht. Aber wenn man schon im Leiden glücklich sein kann, kann man das dann vielleicht auch in den anderen Grenzsituationen? Kann man das zum Beispiel auch in der Schuld?

3
SCHULD – ÜBER DIE SCHULD EINES CO-PILOTEN UND DAS GRÖSSTE SCHULDBEKENNTNIS ALLER ZEITEN

Robert Enke war nicht schuldig. Robert Enke war krank. Er litt unter einer schweren phasenhaften Depression. Es gehörte für mich als Psychiater zu den ergreifendsten Fernsehereignissen, wie 19 Stunden nach dem Suizid des Star-Torhüters seine Frau, Teresa Enke, zusammen mit dem ihn behandelnden psychiatrischen Kollegen vor die Presse ging und die Öffentlichkeit über diese Krankheit aufklärte. Auch der Co-Pilot der Germanwings-Maschine, die am 24. März 2015 in Südfrankreich zerschellte, war krank. Er war wegen einer Depression behandelt worden und hatte keinen Ausweg mehr gesehen. Nach einer Phase der Unentschlossenheit, in der er sich über verschiedene Suizidmethoden informiert hatte, nutzte er die Gelegenheit, als der Pilot das Cockpit verließ, um Schluss zu machen. Er dachte wohl nicht an die Menschen hinter ihm, er wollte nur noch eines: sterben. War auch er unschuldig? Gewiss, es war kein Amoklauf, wie einige voreilig verkündet hatten. Doch war dieser Mann, der offensichtlich an derselben Krankheit litt wie Robert Enke, genauso schuldlos wie der sympathische Nationaltorhüter? Die Öffentlichkeit sträubte sich gegen eine solche Vorstellung. Allerdings gab es auch bei Robert

Enke Opfer: den Lokführer des Zuges, der möglicherweise ein Trauma erlitt, Enkes Frau, seine Freunde, denen er Leid zugefügt hat. Wo endet Leiden, wo endet Krankheit, wo beginnt Schuld? Genau werden wir das nie ergründen. Über Schuld redet man normalerweise nicht gerne. Doch Schuld ist allgegenwärtig. Auch ein psychisch kranker Mensch kann schuldig werden. Unsere Rechtsordnung hat sich nach dem Prinzip »Im Zweifel für den Angeklagten« entschieden, Menschen, denen eine halluzinierte Stimme befohlen hat, einen anderen Menschen zu töten, für schuldunfähig zu erklären, wenn er dieser Stimme folgt. Doch niemand weiß genau, inwieweit dieser Mensch sich dem Befehl doch hätte widersetzen können. Niemand weiß genau, ob er selber anstelle von Robert Enke doch an den Lokführer, die Familie, die Freunde hätte denken können, ob er sich anstelle des Co-Piloten doch die vielen unschuldigen Menschen hätte vor Augen führen können, die er mit in den Tod reißt. Und daher weiß niemand definitiv, inwieweit Menschen, die krank sind und sich umbringen, schuldig sind. Jedenfalls ist es nicht sinnvoll, allen depressiven Patienten von vornherein zu erklären, dass sie völlig unschuldig sind, wenn sie sich das Leben nehmen. Niemand macht das.

Schuld ist ein unheimliches Phänomen. Wir sind uns ganz gewiss, dass es sie gibt, sie beeinträchtigt unser Leben Tag für Tag, sie umgibt uns, wir sind ihr ausgeliefert, wir verstricken uns selbst in ihr, aber wir können sie nicht fassen. Kann man in der Schuld oder durch Schuld glücklich werden? Schon die Frage klingt reichlich schräg. Zumindest ist Schuld nach Karl Jaspers nichts rein Negatives. Im Moment der Schuld bemerkt ein Mensch, dessen Leben vielleicht bisher nichtssagend dahingeplätschert ist, sich vielleicht erstmals wirklich selbst, er bemerkt, dass er existiert. Und die Christen sprechen tatsächlich von der *felix culpa*, der glücklichen Schuld. Im wichtigsten Gottesdienst der Christenheit, in der Osternachtsfeier, singt der Diakon zu Beginn feierlich über die Erbsünde Adams: »O glückliche Schuld, welch großen Erlöser hast du gefunden!« Ohne die Schuld Adams wäre, so der Gedanke, Gott nicht Mensch geworden. Luther, der ursprünglich bis zum Hals voller Schuldgefühle steckte, setzte den alten christlichen Lobpreis der Schuld wie immer in deftiger Sprache um: »Pecca fortiter! Sündige tapfer!«, schreibt er seinem Freund Melanchton, »aber vertraue und freue dich noch stärker in Christus, welcher der Sieger ist über die Sünde, den Tod und die Welt.« Man kann mit Fug und Recht sagen, dass die ganze Reformation aus dem Schuldbewusstsein Martin Luthers entstanden ist und aus seiner glücklichen Überwindung. Von glücklicher Schuld kann nur jemand reden, der Schuld in einen größeren Zusammenhang einordnen und dadurch überwinden kann und der dann durch die Schuld den Impuls für ein neues sinnvolles Leben erfahren hat. Das können natürlich auch Menschen, die keine Christen sind, aber man muss zugeben, dass ein erleichterter Umgang mit Schuld vielleicht eine Spezialität der christlichen Religion ist, nicht immer, wie man weiß, denn es gab ja auch den Missbrauch von Religion für die Kultivierung von künstlichen Schuldgefühlen. Deswegen hat der Kabarettist Konrad Beikircher einen Religions-Check angeregt, wie bei der Stiftung Warentest. Für den rheinischen Kabarettisten kommt dabei der Katholizismus am besten weg – wegen der Beichte. Weil der Katholik seine Schuld bei der Beichte komplett loswerden könne, sei das die mit Abstand beste Religion. Natürlich gab es auch Beichtmissbrauch, doch insgesamt über die Jahrhunderte gesehen hat die Beichte unbestreitbar sehr viele Menschen enorm entlastet. Der Begründer der modernen Soziologie Max Weber, der sich selbst bekanntlich für gänzlich »religiös unmusikalisch« erklärte, hielt die Beichte für ein außerordentlich angenehmes Mittel, um ein vergleichsweise entspanntes Leben zu führen – allerdings leider auch mitunter ein etwas weniger rechtschaffenes Leben, um das die Protestanten ja nicht umhinkommen, weil ihnen bedauerlicherweise die Beichte fehlt. Das gilt bis heute. Die bekannte Entertainerin Maite Kelly erzählte, wie sie durch das Schuldbekenntnis in der Beichte ein selbstbewusster, ein glücklicher Mensch geworden sei.

Ich habe einen Mörder kennengelernt, der seine Strafe abgesessen hatte und den seine Schuld zu einer Art innerer Umkehr geführt hat. Heute ist er ein liebenswürdiger, idealistischer, hilfsbereiter Mensch. Er würde seine Tat, die er tief bereut, sicher nicht als Glück bezeichnen. Aber er sagt, dass er erst durch seine Schuld in seinem Leben nach der Tat erfahren habe, was Glück wirklich sei. Günther Schabowski, den die Schriftstellerin Christa Wolf vor der Wende in der DDR als einen der schlimmsten SED-Funktionäre empfand, gestand seine Schuld offen ein, saß seine Haftstrafe ab und war dadurch wenn schon nicht glücklich, so doch mit sich selbst im Reinen. Natürlich ist Schuld eigentlich immer endgültig, man kann sie nicht wiedergutmachen. Das war es ja, was Luther so erschüttert hatte. Ohne religiöse Riten, ohne die Überzeugung von einem gnädigen Gott, ist es heute nicht einfach, mit Schuld umzugehen. Psychotherapeuten haben gute Methoden, wie sie mit pathologischen oder sonstwie unangemessenen Schuldgefühlen umgehen können. Krankhafte Schuldgefühle sind ja keine wirkliche Schuld. Was soll man aber als Psychotherapeut mit einem Mörder machen, mit einem Vater, der sein Kind missbraucht hat, mit einer Mutter, die ihr Kind getötet hat? Vergessen können die Täter das nie. Und so erfinden Psychotherapeuten hilflose Ersatzriten. Der Täter schreibt sein Schuldbekenntnis, seine ganze Reue, seine Bitte um Verzeihung auf ein Blatt Papier auf, das dann in einem kleinen Ritus verbrannt wird. Es ist schwer, ohne eine religiöse Überzeugung Schuld loszuwerden. Das machte auch die ironische Brechung des ersten Titelblatts von »Charlie Hebdo« nach dem Massaker in der Redaktion aus: »Tout est perdonné« stand über dem weinenden Propheten, »Alles ist vergeben«.

In seinem eindrucksvollen Roman »Schuld und Sühne« beschreibt Fjodor Dostojewski den jungen Jura-Studenten Raskolnikow, der sich in den Gedanken hineingesteigert hat, er, Rodion Romanowitsch Raskolnikow, stehe weit über so etwas wie Schuld. Kaltblütig bringt er eine alte Frau um, die er kaum kennt. Dramatisch schildert Dostojewski, wie dieser kleine Übermensch unter der Last seiner Schuld Schritt für Schritt zusammenbricht. Am Ende offenbart er sich selbst, wird verurteilt und büßt inbrünstig. Erst jetzt erlebt er Glück. Viktor Hugo hat in »Les Miserables« anrührend geschildert, wie der wegen Lappalien bestrafte Jean Valjean einen Bischof bestiehlt, der ihm aber liebenswürdig und gütig verzeiht. Diese Schuld und diese Vergebung machen ihn zu einem guten, zeitweilig sogar glücklichen Menschen. Die Bewältigung von Schuld ist ein Menschheitsthema.

In der gesamten Weltliteratur gibt es keine so ausführliche und rücksichtslose Selbstbeschuldigung wie die »Bekenntnisse« des Aurelius Augustinus. In die Form eines Gebets gefasst, berichtet der temperamentvolle Afrikaner da schonungslos über sein bisheriges Leben. Alle seine geistigen Irrungen bekennt er mit großem Bedauern. Auch sein Lotterleben verurteilt er. Immerhin hat er, bevor er Bischof wurde, einen unehelichen Sohn gezeugt. Bis ins kleinste psychologische Detail entlarvt er sich selbst und stellt sich öffentlich bloß. Immerhin ist er Bischof, und da hätte man ja wenigstens verstehen können, dass er nicht mehr gerne an die alten ruhelosen Zeiten erinnert worden wäre. Doch nicht so Augustinus. Er selber plaudert alles aus, ohne jede Hemmung. Papi, du bist peinlich, hätte ihm wohl heute sein Sohn zugerufen. Doch Adeodatus war wohlerzogen und tat das nicht. In den Bekenntnissen des Augustinus denkt zum ersten Mal ein Mensch gründlich über seine eigene Psyche nach. Das hatte es bis dahin noch nie gegeben. Unerbittlich gesteht er seine persönliche Schuld. Er sucht keine Ausreden, keine billigen Erklärungen, er stellt sich. Er weicht nicht aus. Der Philosoph Wilhelm Weischedel hat zu Recht bemerkt: »Sicherlich wünscht der spätere Augustinus, das, was in jenen frühen Tagen geschah, könne ungeschehen gemacht werden. Sollen auch wir, wenn wir uns die Gestalt dieses Mannes vergegenwärtigen, uns diesem Wunsche anschließen? Wäre Augustinus verehrungswürdiger, wäre er heiliger gewesen, wenn er von Anfang an gewesen wäre, der er erst durch seine Umkehr geworden ist? Vielleicht. Eines aber wäre er sicherlich nicht: er wäre nicht menschlicher gewesen. ... Dass ihm wenig Menschliches fremd gewesen ist, wirkt mit an der Größe des Menschen Augustinus.« Ob so jemand wie Augustinus heute Bischof werden könnte, muss man leider bezweifeln. Aurelius Augustinus war ein ungebärdiger, aber am Ende zweifellos ein glücklicher Mensch, wohl nicht trotz seines Lebens, sondern wegen seines Lebens, wohl nicht trotz seiner Schuld, sondern wegen seiner Schuld, die er öffentlich ehrlich bekannte und bereute. Augustinus hatte am Ende seine Bestimmung gefunden.

Man kann also angesichts von Schuld glücklich werden. Schuld ist unvermeidlich. Also kann man unvermeidlich glücklich werden.

4
KAMPF – ÜBER GUTEN KAMPF UND ZWEI NACHDENKLICHE AFRIKANER

Der Krieg, der Kampf ist der Vater aller Dinge, sagt Heraklit, der düstere Urphilosoph der Griechen, von dem nur solche Textfragmente erhalten sind. Was er damit gemeint haben könnte, das gibt Philosophen seit Jahrhunderten Rätsel auf – und hat zu einem Kampf der Interpretationen geführt. Dass Heraklit, der Philosoph, damit nicht nur die militärische Auseinandersetzung gemeint haben kann, das scheint ausgemacht. Dass es ohne Auseinandersetzung kein Leben gibt, keine Vitalität, keine sprühende Debatte, das leuchtet ein. Wer keine Freude an der geistigen Auseinandersetzung hat, der kann kein Philosoph werden, kein Geisteswissenschaftler, ja überhaupt kein Wissenschaftler. Und es gibt sie, die glücklichen Wissenschaftler, die eine kühne These platzieren und sich schon auf die geistigen Schlachten freuen, die ihnen damit bevorstehen. Man kann im geistigen Kampf glücklich sein. Auch im militärischen Kampf? Uns Heutigen ist ein solcher Gedanke mit guten Gründen in weite Ferne gerückt. Für die alten Griechen allerdings war der in der Schlacht siegreiche Achill zweifellos glücklich zu preisen. Und für die Römer war der Kampf geradezu ihre Daseinsberechtigung. Überall kamen sie zunächst einmal als Kämpfer hin, darauf waren sie stolz, das liebten sie. Sie sprachen zwar nie von »erobern«, sondern viel netter von »befrieden«. Aber damit meinten sie nur, dass die ganze Welt ihnen ursprünglich sowieso schon gehöre, und sie sich die jetzt einfach bloß zurückholten. Und Ruhe ist. Jedenfalls war eines sicher: Wenn sie kämpfen konnten, waren sie glücklich. Die martialische Kraftmeierei der Römer befremdet allerdings heute. Dass man im olympischen Kampf glücklich sein kann, dieser Gedanke der Griechen ist freilich so aktuell wie nie. Dabei war für die Griechen der Sieg zwar erstrebenswert, aber der Kampf hatte einen Wert an sich. Dabei sein ist alles, verkündet bis heute das olympische Komitee. Und dieses Motto lassen sich auch die vielen Fitness-Begeisterten gefallen, die mit hängender Zunge durch die Wälder rennen – »joggen«! – und mit ausgepumpten Lungen japsend behaupten, jetzt hätten sie den ultimativen Endorphinschub, jetzt seien sie voll glücklich. Bei derlei entbehrungsreichem Zeitvertreib geht es nicht selten noch um einen anderen Kampf, den alljährlichen »Kampf gegen die Pfunde«. Auf einem Hoftor las ich auf einer Tafel mit Hundekopf: »Vorsicht Kampfhund! Hund kämpft gegen sein Übergewicht«. Wir wollen uns nun aber nicht auch noch in die Niederungen des Kampfsports begeben, um die These zu belegen, dass man im Kampf glücklich sein kann. Allerdings kann man bei Fußballspielen nicht bezweifeln, dass ein Spieler nach einem erzielten Tor offensichtlich wirklich glücklich ist, auch wenn der Ausdruck dieses Glücks sich nicht immer in philosophische Höhen aufschwingt. Auch der griechische Philosoph Aristoteles glaubte ja nicht, dass das Glück einem einfach so in den Schoß falle. Das Glück, davon war er überzeugt, verdanke sich der quicklebendigen geistigen Aktivität.

Grabesruhe herrschte dagegen in den Diktaturen Osteuropas, geistige und manchmal auch buchstäbliche Grabesruhe herrscht in allen blutigen Tyranneien. Es gibt da keinen Kampf, keinen Kampf der Meinungen, keinen marktwirtschaftlichen Preiskampf, keinen demokratischen Wahlkampf. Erst wenn die Gewaltherrschaft gestürzt ist, kann wieder gekämpft werden, um die besseren Ideen, die besseren Lösungen, um so etwas wie eine Meinungsführerschaft. Die Menschen waren unsagbar glücklich, als sie das wieder konnten. Dieses Glück spiegelte sich auf den Gesichtern der Deutschen, die 1989 all ihr Hab und Gut zurückließen und in Ungarn über die Grenze in den freien Westen rannten. Kaum je konnte man glücklichere Gesichter sehen. Freiheitliche Demokratie, das ist der Kampf der Opposition gegen die Regierung, das ist lebendige Auseinandersetzung. Das zu erleben hat manche Menschen wirklich glücklich gemacht. Andere freilich nicht. Es gibt auch heute noch Nostalgiker, die die Ruhe der alten DDR wieder herbeisehnen, da war, so finden sie, alles klar und geordnet, da wusste man, wo's langging, da kam Kampf nur in den Schulbüchern vor, als Klassenkampf. Doch das betrifft eine aussterbende Generation. Es überwiegen die jungen Menschen, die sich ihren Platz in der Gesellschaft erkämpfen wollen und die in diesem Kampf ihr Glück suchen.

»Der Krieg ist eine bloße Fortsetzung der Politik mit anderen Mitteln.« Dieser Satz des preußischen Heeresreformers Carl von Clausewitz galt lange als eine Botschaft aus der Mottenkiste. Zuzeiten des Gleichgewichts des atomaren Schreckens klang er tatsächlich einfach nur zynisch. Doch inzwischen ist er wieder zu Ehren gekommen, und man hat seinen friedlichen Kern erkannt, dass nämlich, wo immer die Waffen sprechen, die Politik sich so schnell wie möglich bemühen muss, das Gesetz des Handelns selbst wieder in die Hand zu bekommen. Es ist besser, wenn Politiker um ein Waffenstillstandsabkommen kämpfen als Soldaten auf dem Schlachtfeld. Kampf ist so gesehen nichts schlechtes. Und auch der gänzlich unmilitärische Völkerapostel Paulus ist stolz auf seinen Kampf: »Ich habe den guten Kampf gekämpft, den Lauf vollendet, den Glauben bewahrt«, schreibt er im Brief an seinen Freund Timotheus. Die Christen hatten es freilich nicht mit den endlosen Kampfspielen der Römer, die mit kindlichem Spaß versessen waren auf jede Art von geregelter Randale. Karl Jaspers hält zwar die christliche Vorstellung von der Gewaltfreiheit für wirklichkeitsfremd. Doch das ist ein Missverständnis und vielleicht der so gewalttätigen Zeit geschuldet, in der Jaspers zu leben gezwungen war. In Wahrheit waren die Christen in dieser Frage illusionslos und pragmatisch. Doch sie schätzten vor allem den geistlichen Kampf, wie ihn zum Beispiel der Wüstenvater Antonius im vierten Jahrhundert gegen die Anfechtungen des Bösen kämpfte. Was passiert, wenn ein militärischer Kämpfer zum geistlichen Kämpfer wird, das kann man wohl an niemandem so gut studieren wie an Ignatius von Loyola. Der Gründer des Jesuitenordens war mit Leib und Seele Offizier, als er im Krieg verwundet wurde und auf dem Krankenlager eine innere Wende vollzog. Ein Kämpfer aber blieb er lebenslang. Im Kampf für die Verkündigung des Glaubens bediente er sich nicht selten militärischer Ausdrücke. Seine Exerzitien sind keine Truppenübungen, sondern eine psychologisch höchst einfühlsame Anleitung zur Sammlung der inneren Kräfte eines Menschen. Und der weltweite Leiter des Jesuitenordens führt bis heute den Titel General.

Die Ehe ist die bloße Fortsetzung der Politik mit anderen Mitteln, so könnte man vielleicht die Heiratspolitik der Habsburger auf den Punkt bringen. *Tu felix austria nube!* Du, glückliches Österreich, heirate! Das war der liebenswürdige, aber auch clevere Schlachtruf österreichischer Weltpolitik. Mit dem militärischen Kampf hatten die Habsburger eher Pech, jedenfalls kein Glück. Außer dem Radetzky-Marsch und der Geschichte vom braven Soldaten Schwejk will einem da partout nichts einfallen. Es waren nicht immer Liebesheiraten, die arrangierten Habsburger-Ehen, das stimmt, sie waren nicht immer ein Herz und eine Seele, die kaiserlichen Majestäten. Doch wer denkt, die ideale Ehe wäre ein beständiger Einklang zweier Seelen, der hat vielleicht zu viele schlechte Romane gelesen. Denn wenn liebende Menschen scheinbar harmonisch ganz ineinander verschwimmen, gar nicht mehr sie selbst sein wollen, ist das eher ein Zeichen für eine psychische Störung. Wenn sie sich dagegen wirklich gegenseitig lieben, dann streben sie über die eigenen Grenzen hinaus und berühren den anderen, ohne ihn sich einverleiben zu wollen. Die Liebenden setzen sich gegenseitig mit sich intensiv auseinander. Damit erfahren sie, so erläutert es Karl Jaspers, die Grenzsituation der Liebe. Nach Martin Buber ist die Erfahrung des Ich tatsächlich gar nicht die erste Erfahrung, die ein Mensch macht. Denn als Erstes lernt der Mensch, Du zu sagen, zumeist zur Mutter, die ihn liebt. Und dann erst merkt er, dass da ein Ich ist, das soeben Du gesagt hat. Am Du wird erst das Ich, sagt Martin Buber. So können Menschen in einer Liebesbeziehung in gewisser Weise mehr sie selbst werden. »Es ist gut, dass es dich gibt«, sagt der Liebende zum Geliebten. Diese Art, gerade das Anderssein des anderen zu lieben und sich so auf Augenhöhe zu begegnen, Kampf zu nennen, wie Karl Jaspers das tut, befremdet freilich ein wenig. Aber die Etikettierung ist gar nicht wichtig. Es kann nämlich gar kein Zweifel sein, dass Liebe tatsächlich eine tiefe existenzielle Erfahrung ist, in der der Mensch nicht bloß den anderen ganz tief spürt, sondern auch sich selbst mit seinen besten Eigenschaften. Zweifellos, so kann man glücklich werden. Und Jaspers geht noch weiter. Was ist, wenn man einmal selbst nicht glücklich sein kann? »Man kann das Glück im anderen lieben«, antwortet Karl Jaspers.

Das ganze Leben des Aurelius Augustinus war ein Kampf, vor allem ein Kampf mit sich selbst. »Unruhig ist mein Herz, bis es ruht in dir, oh Gott«, mit diesen berühmten Worten beginnen seine Bekenntnisse. Im Kampf um den rechten Glauben hat er in Redeschlachten brilliert, und als er in seiner Bischofsstadt Hippo im Sterben lag, belagerten gerade die Vandalen die Stadt. In lebenslangem Kampf hat Augustinus sein Glück gefunden. »Wir müssen uns Sisyphos als einen glücklichen Menschen vorstellen«, das schrieb ein anderer Nordafrikaner, dessen Geburtsort mal gerade 100 Kilometer von dem des Augustinus entfernt lag. Er schrieb es allerdings 1500 Jahre später, und er war kein Christ, er war Atheist. Albert Camus. Auch für Camus war das Leben ein dauernder Kampf. Alles sei absurd, und man müsse in der permanenten Revolte so etwas wie Sinn trotz allen Unsinns selbst erschaffen. Man dürfe jedenfalls nicht einfach die Hände in den Schoß legen. »Der Mensch muss natürlich kämpfen ... Aber wenn es damit endet, dass er sonst nichts mehr liebt, wofür ist dann das Kämpfen gut?«, fragt Camus in »Die Pest«. Und da sind sie plötzlich ganz einer Meinung, die beiden Afrikaner, der nachdenkliche Atheist und der nachdenkliche Christ. Im Kämpfen kann man glücklich sein.

Und damit hat sich auch hier gezeigt: Man kann im Kampf, in der existenziellen Auseinandersetzung, glücklich werden. Kampf ist unvermeidlich. Also kann man unvermeidlich glücklich werden.

5

TOD – ÜBER ROUTINIERTE FASSUNGSLOSIGKEIT UND DIE PORNOGRAFIE DES TODES

»Der glückliche Tod« war der Titel des ersten literarischen Werks von Albert Camus. Es ist ein provokativer Text, in dem der Protagonist in seinem Leben und seinen Beziehungen scheitert und am Ende einsam stirbt. Glücklich sterbe er, so behauptet der Autor Camus trotzig: »Und ein Stein zwischen Steinen ging er in der Freude seines Herzens wieder in die Wahrheit der unbeweglichen Welten ein.« Ein echt absurder Gedanke. Ein typischer Camus. Der Autor hat den Text nie veröffentlicht, er erschien erst zehn Jahre nach seinem Tod. Selbst der radikale Atheist Albert Camus besteht also darauf, im Tod könne man glücklich sein. Doch solch ein bitteres Glück wird nicht jedermanns Sache sein.

Ganz anders die Römer. Totenschädel sind im pompejanischen Bordell an die Wände freskiert als Aufforderung: Mensch, denke daran, dass du stirbst, und lebe jeden Tag lustvoll. Carpe diem! Pflücke den Tag! Glück im Bordell. Orgasmus vor Totenschädeln. Die Römer ließen sich nicht bange machen. Man hatte die ganze Welt unterworfen, man hatte sich unsterblich gemacht, vor niemandem musste man

Angst haben. Warum dann vor dem Tod? Doch irgendwie hatte der römische Umgang mit dem Tod etwas Künstliches. Bombastisch waren die Totenfeiern für den Kaiser, ein Vermögen kosteten die Grabmäler, doch trostlos wirkte die erschütternde Totenklage der Hinterbliebenen. Das philosophische Angebot zur Todesbewältigung war auch nicht berauschend. Man hatte da natürlich seinen unvermeidlichen Epikur mit dem flotten Spruch: »Die Erkenntnis, dass der Tod ein Nichts ist, macht uns das vergängliche Leben erst köstlich.« Glück durch existenzielle Kurzsichtigkeit. Aber so etwas schrieb man nicht auf Grabsteine. Epikur, das war keine Philosophie für den Ernstfall. Leute von Welt versuchten es da lieber mit der stoischen Philosophie, die wirkte ein bisschen gravitätisch, das schätzte man, und vor allem todernst, das passte. Doch die fatale Neigung zum Selbstmord schon bei den kleinsten Kleinigkeiten, das spießige Bemühen, bloß nie die Fassung zu verlieren, ließ stoische Römer beim Tod dann doch keine gute Figur machen. Es war einfach unwürdig, wie sich manch einer bei Lebensüberdruss von irgendeinem Sklaven mehr recht als schlecht erdolchen ließ. Kein Wunder, dass die späten Römer dann in die Vorlesungen Plotins strömten, der ihnen immerhin das ewige Leben versprach, allerdings schwer verständlich und bloß als Seele, sozusagen ganz ohne Lust und Laune. Das sollte Glück sein?

Da waren wiederum die Christen ganz anders. Das Christentum war keine Lehre fürs Bordell oder den philosophischen Hörsaal. Die Christen glaubten an die Auferstehung des Fleisches. Sie glaubten ans leibhaftige Weiterleben. In einem verklärten Leib zwar, und wie der dann genau aussehen würde, das wussten auch sie nicht genau, jedenfalls hatte das Christentum etwas drastisch Reales. Der Leib war für diese Leute kein Gefängnis der Seele, wie für Plotin, sondern ein Tempel des Heiligen Geistes, wie der Apostel Paulus begeistert verkündete. So etwas ging nun wirklich zu weit, fanden die Athener, als er versuchte, ihnen das auf dem Areopag zu erklären. »Darüber wollen wir dich ein andermal hören!«, riefen sie, wie ein Freund von mir, der bei heiklen oder langweiligen Gesprächen gerne einwarf: »Das müssen wir unbedingt noch mal vertiefen!« Wozu es natürlich nie kam. Für die Christen jedenfalls war die diesseitige Welt die gute und schöne Schöpfung Gottes, und der Tod war nur ein Übergang von der einen guten Hand Gottes in die andere gute Hand Gottes. Die Christen glaubten dabei nicht an ein immer weiterlaufendes todlangweiliges unendliches Leben. Sie glaubten an ein ewiges Leben, das die Zeit sprengt und das jeder Mensch schon im Diesseits in wenigen dichten Momenten erleben könne, wenn er glaubt, hofft und liebt. Diese existenziellen Momente eines Lebens bewahre Gott auf immer: Die Liebe bleibt, sagt Paulus. Die Christen verfeuerten daher ihre Toten auch nicht, wie die Heiden zumeist, sie beerdigten sie, um dadurch ihre Hochschätzung des leibhaftigen Lebens zu bekunden. Das heißt ja nicht, dass sie sich nicht auf den Himmel freuten, die Christen, aber sie fanden, dass man auch das diesseitige Leben nicht verachten dürfe. Also alles zu seiner Zeit! Das Leben war ein Geschenk Gottes, und Geschenke gibt man nicht einfach undankbar zurück. Wer sich zum Martyrium meldete, wurde ausgeschlossen. Dennoch hatte der Tod für die Christen schon im irdischen Leben große Bedeutung. »Gedenke, Mensch, dass du Staub bist und zum Staube zurückkehrst«, sagt der Priester an Aschermittwoch, während er dem Gläubigen mit schwarzer Asche ein Kreuz auf die Stirn malt. Ein drastischer Ritus nach den Karnevalstagen, in denen in katholischen Ländern sprühendes Leben herrscht. Solche Kontraste prägen das Leben der Christen. Wenn sie auch eifrig die griechische Philosophie studierten, der Habitus des leidenschaftslosen Philosophen, der angesichts des Leids der Welt bloß auf seine innere Ausgeglichenheit bedacht war, war ihnen gänzlich fremd. Die Christen fielen dadurch auf, dass sie sich unermüdlich sozial betätigten, dass sie die Not ihrer Mitmenschen nicht kalt ließ. Merkwürdig wirkte das. Tod und Leben waren für die Christen kein wirklicher Widerspruch. Mit dem Tod ging man ins ewige Leben ein, das glaubten sie fest, so fest, dass sie sich für diesen Glauben in Stücke schlagen ließen. Noch merkwürdiger wirkte das. Am merkwürdigsten aber war, dass sie glücklich wirkten in der Arena, die Märtyrer. Im Tod schienen sie wirklich glücklich zu sein. Und tatsächlich ging es den Christen ums Glück, ums ewige Glück, um die ewige Glückseligkeit bei Gott. Der Gedanke daran, dass sie irgendwann sterben müssten, ließ sie nicht resignieren, sondern spornte sie an. Der Totenschädel, der immer auf Bildern des heiligen Hieronymus abgebildet ist, sollte den Betrachter daran erinnern, dass jeder Tag und jede Stunde unwiederholbar sind und dass man vor Gott für sein Leben Verantwortung hat. Totenschädel wirkten für Christen nicht makaber. Noch heute schenkt man sich in Mexiko Totenschädel aus Marzipan zu Ostern. Der Tod ist besiegt! Im Ostergottesdienst gab es das Osterlachen. Der Tod wurde ausgelacht. Buchstäblich.

Kann man im Tod glücklich sein? Bisher haben wir so einige Todesvorstellungen, heidnische, philosophische, christliche, an unserem geistigen Auge vorbeiziehen lassen, so wie absonderliche Geschichten in Grimms Märchen oder in Brehms Tierleben. Aber jetzt geht es um Ihren Tod, liebe Leserinnen und Leser. Denn Sie könnten tatsächlich zweifellos jetzt gleich sterben – nicht theoretisch, sondern praktisch, nicht irgendwie allgemein, sondern höchstpersönlich. Ein etwas makaberer Gedanke, finden Sie? Vielleicht. Aber ein realistischer jedenfalls. Es könnte jetzt gleich Ihr Herz stillstehen. Vielleicht haben Sie ja eine Herzkrankheit. Dann nennt man das »Tod aufgrund einer kardialen Erkrankung«. Aber vielleicht haben Sie ja auch keine Herzkrankheit. Dann nennt man das »plötzlicher Herztod unklarer Genese«. Da das dann das Letzte sein wird, das Sie in Ihrem Leben lesen, sollten Sie jetzt besonders aufmerksam lesen, und ich werde mich bemühen, besonders gehaltvoll zu schreiben. Das gebietet allein der Anstand, oder sagt man da schon Pietät? Kann man als »Sein zum Tode«, wie Martin Heidegger den ständig im Angesicht des Todes lebenden Menschen beschrieben hat, glücklich sein? Ja, man kann. Wenn man entschieden lebt. Doch wie geht das eigentlich, und was ist das für ein Glück? »Was angesichts des Todes wesentlich bleibt, ist existierend getan«, sagt Karl Jaspers. Ob man dann aber auch schon glücklich ist? Jaspers weiß es nicht genau. Was er weiß, ist, dass Nichtsterbenkönnen jedenfalls eine Qual wäre. Wenn Glück nicht bloß ein laues Lüftchen ist, wenn es Substanz haben soll, vitale Substanz, dann muss es dem Tod standhalten, der, das wissen gerade die modernen Denker, uns ständig umgibt. Doch wie das gehen soll, das können weder Heidegger noch Jaspers sagen. Der Philosoph Ernst Bloch war in dieser Frage übrigens ein Totalausfall. Er hatte sich fantasievoll und wortmächtig mit gesellschaftlichen und individuellen Utopien auseinandergesetzt. Als er freilich von einem Interviewer auf den Tod angesprochen wurde, paffte er schweigend an seiner Pfeife und sagte nur, er sei gespannt, und dann schwieg er wieder. Heidegger und Jaspers weichen dem Tod nicht irgendwie billig aus, im Gegenteil, sie führen ihn ständig im Munde, sie denken angestrengt über ihn nach, sie schrauben ihre Formulierungen in schwindelnde Höhen. Doch am Ende ihres Grübelns über den Tod steht nicht Klarheit, steht nicht Aufklärung oder gar Glück. Martin Heidegger zieht sich auf seine Berghütte zurück und lässt sich am Ende katholisch beerdigen. Karl Jaspers sinniert über Transzendenz und kommt zu keinem wirklichen Ergebnis. Wieder mal ist der anspruchsvolle Versuch, angesichts des Todes ohne Religion, allein mit Philosophie glücklich sein zu können, gescheitert.

Anfang April 1918 schellt eine atheistische Philosophin, wie Heidegger eine Schülerin von Edmund Husserl, an der

Tür einer guten Bekannten, deren Mann gerade im Krieg gefallen war. Als die Tür sich öffnet, ist sie völlig überrascht. Sie hatte eine junge verzweifelte Witwe erwartet, aber sie traf eine liebenswürdige, zwar trauernde, aber doch gefasste Frau an. Sie sei Christin, für sie sei mit dem Tod nicht alles aus, sagte Anna Reinach. Edith Stein, sie war die atheistische Philosophin, schrieb später über diesen existenziellen Moment: »Es war der Augenblick, in dem mein Unglaube zusammenbrach.« Fassungslosigkeit ist der Ausdruck, der inzwischen zum Standardrepertoire von Reaktionen auf katastrophale Todesfälle gehört. Nicht nur Politikern, sogar christlichen Predigern kommt dieser Begriff routiniert über die Lippen. Wenn aber tatsächlich Fassungslosigkeit die letzte Antwort auf den Tod ist, dann kann es kein Glück angesichts des Todes geben. Angesichts von 2400 Todesfällen täglich in Deutschland leben wir dann in einem Ozean der Fassungslosigkeit, auf dem eine dünne Eisschicht uns nur äußerst trügerisch über Wasser hält. Tatsächlich ist der Untergang einer menschlichen Person gerade für westliche Verhältnisse eine entsetzliche Katastrophe. Denn der Westen hat zwar einerseits die Hochschätzung der gottebenbildlichen Person vom Christentum übernommen, ihre unantastbare unendliche Würde, die absolut jeden Einsatz rechtfertigt, um ein Menschenleben zu retten. Aber die westliche Welt hat andererseits inzwischen zugleich den Versuch unternommen, sich von den christlichen Hoffnungen angesichts des Todes zu emanzipieren. Das Ergebnis ist Fassungslosigkeit, Hilflosigkeit und der Glaube an Experten: »Psychologen sprechen mit den Angehörigen.« Wer angesichts des Todes von ewigem Leben reden wollte, von Zuversicht, von Hoffnung, gar von Glück, würde irritieren. Der Grundton hat Verzweiflung zu sein: »Like a candle in the wind«, sang Elton John über die tote Lady Diana. Wie eine Kerze im Wind – und die Kerze war gerade gelöscht. Ausgelöscht.

Glücklich sein angesichts des Todes, das kann man wohl nur absurd, wie Camus, oder religiös, wie Anna Reinach. Die Religionen haben seit Jahrtausenden ganz viel Erfahrung im Umgang mit dem Tod. Diese Erfahrungen sind nicht widerlegt, sondern nur verblasst, wie die jahrtausendealten Höhlenzeichnungen in Südfrankreich, die davon zeugen, dass man damals schon die ganz natürliche innere Gewissheit hatte, dass mit dem Tod nicht alles aus sein konnte. Deswegen verscharrte man die Knochen der Menschen nicht, wie es Tiere tun, sondern man bestattete sie. Der Unterschied zwischen hochentwickelten Tieren und den ersten Menschen ist für Archäologen, dass Menschen bestatten, Tiere nicht. Deswegen rühren die Körperweltenausstellungen des Performance-Künstlers Gunther von Hagens, in denen Leichen nicht mehr bestattet, sondern für den optischen Konsum ästhetisch hergerichtet werden, an atavistische Gefühle von Menschen. Die Zunahme der kostengünstigen anonymen Bestattungen ist dann ganz konsequent. Wenn Menschen der Auffassung sind, dass sie aus dem Nichts kommen und ins Nichts gehen, machen Riten keinen Sinn. Mit dem Trend zur Todesverdrängung hat auch die Pornografie des Todes zu tun. Sexuelle Pornografie nimmt Sexualität nicht ernst, indem sie sie zur serienweisen Gymnastikübung mit Körperberührung degenerieren lässt. Und die serienweise Herstellung von Leichen in James Bond Filmen und in den allabendlichen Krimis nimmt den Tod, den wirklichen erschütternden Tod von Ihnen und mir ebenfalls nicht ernst. Ausgerechnet am vergangenen Ostersonntag, dem christlichen Fest der Überwindung des Todes, liefen in der ARD abends sage und schreibe vier Krimis, eine Leiche nach der anderen. Von Auferstehung war natürlich nicht die Rede, sondern nur von Aufklärung am Ende. Es herrscht ein verklemmter Umgang mit dem Tod, der Tod gilt als Panne, im Grunde vermeidbar, wenn man nicht raucht und auch sonst schön auf seine Gesundheit achtet. Dagegen berichtet Immanuel Kant von einem Grabspruch, der lautete: »N. N.

war gesund, aber weil er gesünder sein wollte als gesund, liegt er hier.« Sterbende werden in Presseberichten nicht selten behandelt wie Aliens, die ziemlich exotisch sind. Dabei unterscheidet, was das Sterben betrifft, den neugierigen Journalisten von seinem Opfer nur, dass der Journalist sich bloß das eigene Sterben weglügt – und dann auf dem Weg zur Redaktion vielleicht bei einem Unfall unerwartet stirbt – lange vor dem interviewten Sterbenskranken. Und dann kommen religiöse Riten doch wieder unerwartet zurück: Die zweifellos atheistischen Kollegen der entsetzlich ermordeten Redakteure der radikal antireligiösen Satire-Zeitung Charlie Hebdo malen Karikaturen auf die Särge der Toten. Die erste nachweisbare Antwort von Menschen auf den Tod waren die Höhlenzeichnungen in Südfrankreich, die überhaupt keinen Sinn machen, wenn mit dem Tod alles aus wäre. Es sind Zeugnisse eines religiösen Glaubens an ein Leben nach dem Tod.

Vom Atheisten Albert Camus bis zur Christin Edith Stein, vom pompejanischen Bordell bis zu den Marzipanschädeln Mexikos herrscht die einhellige Meinung: Man kann angesichts des Todes glücklich werden. Der Tod aber ist unvermeidlich. Also kann man unvermeidlich glücklich werden.

6 DER TEUFEL IST LOS – DSCHIHADISTEN VOR DER GRETCHENFRAGE

Hiob war ein gerechter Mann. Er lebte in Frieden, vor allem in Frieden mit seinem Gott. Hiob glaubte an Gott, er vertraute auf Gott, und Gott segnete sein Leben. Hiob war glücklich. Da, eines Tages geschah es. Der Teufel, der Diabolos, der Allesverdreher, trat an Gott heran und forderte ihn zu einer Wette heraus. Die Treue Hiobs, behauptete der Satan, sei nur erkauft mit dem Segen, den Gott ihm gewähre. Alles Korruption! Man werde schon sehen, was davon übrig bleibe, wenn Gott es zulasse, dass Unheil über Hiob hereinbreche. Der Teufel hatte bei den Juden und den Christen keine eigene Macht, er war nicht auf Augenhöhe mit Gott wie in den geheimen Mythen der Perser. Aber er war das Salz in der Suppe des Lebens, der Verführer, der Herausforderer schlechthin. Gott nahm die Wette an. Und was nun geschah, war erschütternd. Mit der Wucht eines Tsunami brach das Unglück über Hiob herein, über Hiob, den Gerechten. Wie sich bei Polykrates, dem Tyrannen von Samos, die Glücksboten die Klinke in die Hand gaben, waren es bei Hiob die Unglücksboten, die ihm ihre Schreckensbotschaften, die Hiobsbotschaften, verkündeten: Sein Besitz sei dahin, die Ernte vernichtet, seine Töchter und Söhne erschlagen. Nicht unvermeidlich glücklich, unvermeidlich unglücklich sollte der Diener Gottes wohl werden, Hiob aus dem Lande Uz. Doch Hiob hält stand: »Der Herr hat's gegeben, der Herr hat's genommen, der Name des Herrn sei gepriesen.« Nun schlägt der Teufel ihn mit Krankheit, scheußliche Geschwüre quälen Hiob. Und vor allem quälen ihn nun gewisse Freunde. Die nämlich sind auf den perfiden Gedanken verfallen, ihm einzuflüstern, er selbst sei an allem schuld. Doch Hiob widerspricht. Er bleibt Gott treu, aber er hadert mit seinem Gott: Nichts Unrechtes habe er getan, und dennoch sei er ins Elend geraten. Doch die »Freunde« flüstern: Wenn er sich schon nicht erinnern könne, dann habe er gewiss wenigstens unbewusst Unrecht getan. Nein, widerspricht Hiob. Und da greift Gott ein. Er schilt die Freunde und preist den Hiob ob seiner durchgehaltenen Treue, und zum Zeichen seiner Liebe zu Hiob schenkt er ihm ein glückliches Leben, ein glücklicheres als je zuvor. »Und Hiob starb alt und lebenssatt«, heißt der letzte Satz des biblischen Buches Hiob im Alten Testament.

An Hiob haben sie gedacht in den Kerkern der gottlosen Tyrannen, dieser Teufel in Menschengestalt. Ungezählte Menschen in schwerster Not haben immer wieder dieses Buch gelesen. Denn es tröstet wie kaum ein anderes. Wenn man keinen Sinn mehr sehen kann im Leid, das einen überwältigt, in der Schuld, die einen erdrückt, im ermüdenden Kampf und schon gar nicht im Tod, dann weist der aufrecht mit Gott hadernde Hiob jenseits allen Argumentierens stumm auf Gott, auf einen letzten Sinn, der das Verstehen des Menschen übersteigt, auf eine göttliche Macht, die am Ende jede zynische menschliche Übermacht vernichtet, auf eine letzte Geborgenheit, der kein Henker gefährlich werden kann. So geht Glück sogar im Unglück.

Man kann unvermeidlich glücklich werden. Denn man kann tatsächlich in den unvermeidlichen Grenzsituationen menschlicher Existenz, also in Leiden, Schuld, Kampf und

Tod, wirklich glücklich werden. Aber das ist nicht so leicht, wie es klingt. Denn man unterschätze das nicht. Grenzsituationen sind ja nicht Situationen, in denen man einfach leidet, sündigt, kämpft und stirbt. Dazu gehört nichts. Grenzsituationen sind Situationen, wo man sich seiner selbst ganz tief bewusst wird, indem man sich Leid, Schuld, Kampf und Tod persönlich stellt. Dann kann man glücklich werden, unvermeidlich sogar.

Geht das ohne Religion, ohne eine letzte Gewissheit von einem guten Sinn dieser oft so grässlichen Welt? Albert Camus, der Prophet des Absurden, behauptet: Ja! Karl Jaspers ist sich da nicht so sicher. Wenn man im tiefen Nachdenken über sich selbst an jene Grenzen gerate, dann gehe das gar nicht anders, als dass man über diese Grenzen hinaus auf Transzendenz schaue, also auf ein Jenseits der Grenzen. Sogar bis zu Gott hin schaut Jaspers da, allerdings seinem eigenen höchst speziellen Gott. Karl Jaspers mochte nicht den Gott für die vielen. Ein Gott für jedermann, wie ihn die Christen verkündeten, war ihm wohl zu plebejisch. Doch die Frage nach Gott, nach dem Sinn des Lebens, nach verlässlichem Glück ist entweder eine Frage für alle oder eine Frage für keinen.

Mit Philosophie alleine ist da wohl nichts auszurichten. Gewiss, Sokrates war glücklich auch angesichts des sicheren Todes. Er starb für seine Auffassung, dass es besser sei, Unrecht zu leiden, als Unrecht zu tun. Am Ende tröstet er sogar seine Freunde, die ihm zur Flucht geraten hatten. Doch wer ist schon ein Sokrates!

»Nun sag, wie hast du's mit der Religion?«, ist die berühmte Frage Gretchens an Goethes Hiob, seinen glückssüchtigen Faust. Ihn schleppt Mephistopheles, der Teufel, durch alle Niederungen des Lebens. Doch am Schluss sind es tatsächlich religiöse Bilder, mit denen Goethes Weltdrama endet. Alles, was die Glücksindustrie zu bieten hat, hatte Goethe für Dr. Heinrich Faust auffahren lassen: Sex, Drugs and Rock 'n' roll. Doch all das ist nicht das Glück, das wirkliche Glück. Am Ende weiß sich selbst der religiös auch ziemlich unmusikalische Dichtervater, der von der eigenen Bedeutung so sehr angetan war, dass er mit Gottesvorstellungen immer seine Schwierigkeiten hatte, nicht anders zu helfen, als katholische Heilige aufmarschieren zu lassen.

Wer keinen Sinn im Leben sieht, kann wohl normalerweise auch nicht nachhaltig glücklich werden. Junge Menschen, die da weit und breit keine überzeugenden Antworten mehr finden, lassen sich von Hasspredigern dazu bringen, sich selbst und andere in die Luft zu sprengen. Das ist nun wirklich kein Glück. In der Alkoholismustherapie geht es nicht darum, dem Alkoholiker klarzumachen, dass er keinen Alkohol mehr trinken soll, das weiß der schon selber. Es geht darum, etwas zu finden, was er tun kann, anstatt Alkohol zu trinken. Welche Alternativen hätten wir also diesen jungen Menschen zu bieten? Wäre es da wirklich eine gute Idee, dem angehenden Dschihadisten zu empfehlen, stattdessen einfach mal shoppen zu gehen wie alle anderen oder zum Beispiel bei der kindlich naiven Atheistenvereinigung Giordano-Bruno-Stiftung Neues vom Spaghetti-Monster zu erfahren? Nach den vielen islamistischen Gewalttaten gibt es ein verständliches Misstrauen gegenüber »Religion«. Man baut sich lieber selbst irgendwelche esoterischen Plastikreligionen zusammen und füllt so das Vakuum, das die Religion hinterlassen hat, mit lächerlichem Glücksmüll. Doch all das trägt nicht in echten Lebenskrisen. Neuerdings ist so eine Art Wissenschaftsreligion Mode. Zwar hat die Wissenschaft eigentlich mit Glauben nichts zu tun, sondern mit Wissen, deswegen heißt sie so. Dennoch versuchen nicht wenige die fehlenden Gewissheiten durch Wissen zu ersetzen. Das muss schon bei der Liebe schiefgehen, denn niemand wird die Liebe seiner Frau wissenschaftlich messen lassen wollen, bevor er ihr glaubt. Auch der evolutionäre Sinn dieser Beziehung wird ihn nicht interessieren, wenn er noch alle Tassen im Schrank hat, und keiner käme auf den Gedanken, seine eigenen »Glückshormone« zu messen, bevor er sich zwischen zwei Frauen entscheidet. Tatsächlich hat niemand vom Glück irgendetwas verstanden, wenn er weiß, was seine Neurotransmitter gerade treiben, wenn er sich glücklich fühlt. Evolutionär gesehen war Hitler ein Fortschritt, und was sagt jemand, für den die Evolutionstheorie die Religion ersetzt, eigentlich zu Auschwitz?

Also doch Religion? Vielleicht Buddhismus? Immerhin kennt der Buddhismus kluge Techniken zur Beruhigung des Gemüts, und der Dalai Lama spricht viel vom Glück. Doch kann sich ein westlich geprägter Mensch den Untergang der Person ernsthaft als den Höhepunkt des Glücks vorstellen? Dann also Christentum? Doch das geht nicht. Niemand weiß in unseren Breitengraden noch so recht, was das ist. Umfragen belegen das. Das Christentum ist öffentlich Thema, wenn es um Missbrauchspriester, Protzbischöfe und das Geld der Kirchen geht. Doch könnte da Aufklärung etwas bringen?

Tatsächlich hatte es das Christentum durchaus nicht direkt aufs Glück abgesehen. Der britische Bestsellerautor C. S. Lewis meinte dazu: »Ich bin nicht Christ geworden, um mich glücklich zu machen. Ich wusste immer schon, dass das genauso gut eine Flasche Port zustande bringt.« Aber wie man in Leid, Schuld, Kampf und Tod glücklich sein kann, dazu hat das Christentum allerdings einiges zu sagen. Die sogenannten Seligpreisungen sind eine zentrale Botschaft des Neuen Testaments. Nicht den Reichen und Schönen, den *happy few*, wird da das Glück zugesagt, sondern den Armen, den Notleidenden, den Schwachen. Übrigens nicht erst im Jenseits, sondern schon hier, nämlich durch die Christen, die in diesen Menschen Jesus selbst sehen sollen. Das ist der Sinn christlichen Lebens. Franz von Assisi war von dieser Botschaft so fasziniert, dass er eine Weltbewegung daraus gemacht hat. Vielleicht doch nicht die schlechteste Idee, sich, wenn es um das Glück geht, mit dem Christentum zu befassen.

Es ist allerdings die Frage, ob man in seinem Leben genug Sinnvolles erfahren hat, um dieses Leben und die Welt eben nicht absurd zu finden. In den Grenzsituationen des Lebens stellt sich die Frage nach dem Sinn jedenfalls unmittelbar. Jedem Menschen. Natürlich ist klar, dass man nicht erst Krebs haben, zum Mörder werden, sich durchprügeln lassen und sterben muss, um glücklich zu sein. Aber wer all das bloß als kalte Zufälle eines blinden Geschicks verstehen kann, dem wird Glück, tiefes Glück immer fremd bleiben. Denn er kennt die Hoffnung nicht, die Hoffnung in der Einzahl, die bleibt, selbst wenn alle einzelnen Hoffnungen zerstoben sind.

Wer hoffnungslos ist, kann niemals glücklich sein. Ohne die Hoffnung, dass am Ende alles gut wird, gibt es kein Glück, sagt Augustinus von Hippo. Diese Hoffnung, die über den Tod hinausreicht, kann sich niemand selber geben. Göttlich nennen die Christen die Hoffnung deswegen. Sie ist nicht bloß eine Vermutung, eine Spekulation, eine harmlose Spielerei, wirkliche Hoffnung ist eine kraftvolle Gewissheit, die auf dem Grunde der Seele wartet, wenn alles verloren scheint. Ohne wenigstens einen seidenen Faden dieser Hoffnung, an dem wir uns selbst in trostloser Verzweiflung halten können, fallen wir ins Nichts. Und die entscheidende Frage für jeden Menschen ist, ob diese Hoffnung bloß eine liebenswürdige Illusion oder ob sie wahr ist.

Überlassen wir einem Juden das letzte Wort dieses Kapitels. Der geniale Schriftsteller Joseph Roth, selbst ein gequälter Mensch, hat in seinem Werk »Hiob. Roman eines einfachen Mannes« das leidvolle Schicksal eines ostgalizischen Juden beschrieben. Mendel Singer war nur schwach begabt, aber er lebte ein gottgefälliges, ein geordnetes Leben in einer geordneten Welt. Er hatte eine Frau, zwei Söhne, eine Tochter und Menuchim, einen schwer behinderten Sohn, der außer »Mama« nichts sagen konnte. Das wenige Geld verdiente der fromme Mendel Singer mit Talmudunterricht. Es gab Sorgen, alltägliche Sorgen, vor allem wegen Menuchim, aber er nahm das hin, schicksalsergeben. Was sollte er, der einfache Mann, schon dagegen machen. Gott werde es schon richten. Rechtschaffen war Mendel Singer, gottesfürchtig. Da begann das Schicksal sich gegen ihn zu wenden. Sein ältester Sohn schlug aus der Art, er ging zum Militär, der jüngere ging auch weg, nach Amerika, und als die Tochter gleichfalls auf Abwege zu geraten schien, da entschloss man sich, mit ihr nach Amerika zum ausgewanderten Sohn zu ziehen und schweren Herzens den behinderten Menuchim zurückzulassen. Zunächst schien sich alles noch einigermaßen zu fügen. Doch dann kommt es Schlag auf Schlag. Der Krieg bricht aus. Bald ist der älteste Sohn vermisst. Dann fällt der jüngere. Seine Frau verzweifelt und fällt tot um. Die Tochter wird verrückt. Da ist es aus mit der Ruhe des Mendel Singer. Er nimmt all seine Habe und verbrennt sie auf dem Herd. Im letzten Moment schreckt er davor zurück, auch sein Gebetssäckchen zu verbrennen, aber von Stund an betet er nicht mehr. Er fristet sein Leben als merkwürdiges Original, als gescheiterte Existenz im Judenviertel in New York. Und da passiert es. Eines Tages möchte ihn plötzlich ein junger gefeierter Künstler sprechen, und als er eintritt, stellt sich heraus, es ist Menuchim, der scheinbar verlorene Sohn, der wie durch ein Wunder geheilt wurde und nun dem alten Vater wie dem Hiob einst, einen lebenssatten Lebensabend schenkt. Der älteste Sohn ist doch nicht tot, für die Tochter gibt es Hoffnung. Mendel Singer versöhnt sich wieder mit Gott, und der Roman endet: »Und er ruhte aus von der Schwere des Glücks und der Größe der Wunder.«

Merkwürdig, nicht der scheinbar unvermeidlich glückliche Polykrates, sondern nur der mit Leid, Schuld, Kampf und Tod geschlagene, scheinbar unvermeidlich unglückliche Hiob gibt am Ende Hoffnung auf wirkliches Glück.

GLÜCK IST PERSÖNLICH
WIE ICH DAS GLÜCKLICHSTE PAAR DER WELT KENNENLERNTE

Ich war noch nicht verheiratet, ich war Psychotherapeut, ich hatte Philosophie studiert, auch Theologie, ich saß mit meiner Gruppe behinderter und nicht behinderter Jugendlicher in einem Schnellimbiss in Wien. Am Nachbartisch löffelte ein altes Ehepaar eine Fischsuppe in sich hinein. Den Kopf hielten sie über ihren Teller gebeugt. Kein Wort sprachen sie miteinander. Sie sahen sich noch nicht einmal an. Ein trauriger Anblick. Ich kam ins Sinnieren. So konnte es wohl gehen. Man war eine Ewigkeit verheiratet, hatte sich schon längst nichts mehr zu sagen, und alles endet in einem Schnellimbiss in Wien. Ich spürte Mitleid mit diesen unglücklichen Menschen. Irgendwann stand der Mann auf und ging zur Toilette. Seine Frau schaute noch nicht einmal auf und löffelte weiter ihre Suppe. Und dann kam der Mann zurück, ging an ihr vorbei und strich ihr ganz zärtlich über den Kopf. Sie schaute immer noch nicht auf, denn sie wusste sehr gut, wer das war ... Nie habe ich mich so über meine lächerlichen Gedanken geschämt wie in diesem Moment. Denn ich hatte wahrscheinlich gerade das glücklichste Ehepaar der Welt erlebt.

1
GLÜCKSINFLATION

Es gibt Menschen, die sich ohne Worte verstehen, und es gibt Menschen, die so etwas niemals aushalten würden. »Was dem einen sin Uhl, ist dem anderen sin Nachtigall«, sagt der Volksmund. Glück ist etwas sehr Persönliches. Auch wenn man sich ganz tief glücklich fühlt, wird dieses Glück doch bei jedem anders aussehen. Was mich glücklich macht, kennzeichnet geradezu meinen Charakter, sagt Aristoteles. Nicht weniger als 288 Arten des Glücks hatte der römische Historiker Marcus Terentius Varro aufgezählt. Und der Philosoph Diderot hat gesagt, die zahlreichen Traktate über das Glück seien stets nur die Geschichte des Glücks derer, die sie verfasst haben. Recht besehen gibt es so viele Definitionen für das Glück, wie es Menschen gibt. Und deswegen funktionieren die Tipps meiner Tante Cläre für das Glück vor allem bei einem Menschen gut: bei Tante Cläre!

Um gleich ein Missverständnis zu vermeiden: Die Geschichte mit dem Ehepaar im Wiener Schnellimbiss wurde hier soeben nicht erzählt zum Nachmachen, sondern im Gegenteil, damit klar wird, dass Glück gerade nichts zum Nachmachen ist. Das alte Ehepaar ist sicher längst tot, und niemand von Ihnen, liebe Leser, wird Gelegenheit haben, in diesem Schnellimbiss in Wien dasselbe zu erleben.

Das ist auch eine generelle Schwierigkeit bei Psychotherapien. Niemand kann von außen genau sagen, was ein Patient meint, wenn er sagt: »Ich bin depressiv.« Das ist ein höchstpersönliches innerliches Gefühl. Wir können von außen vielleicht Hinweise auf eine Verbesserung oder eine Verschlechterung zum Beispiel am Gesichtsausdruck wahrnehmen. Aber da kann sich ein Patient verstellen. Es gibt keine Laborwerte, die klarmachen, ob jemand depressiv ist oder nicht. Deswegen ist es naiv, nach dem Absturz der Germanwings-Maschine einfach bloß häufigere Untersuchungen von Flugpiloten zu verlangen. Das allein würde wegen der Angst, bei geringsten Anzeichen von Depression den Job zu verlieren, nur zu besserer Verstellung und konsequenterem Verschweigen psychischer Probleme führen. Ohne Vertrauen geht da nichts. Aber weil ich als Therapeut selbst dann nicht wissen kann, was der Patient meint, wenn er sagt: »Ich bin depressiv«, hat Steve de Shazer die berühmten Skalenfragen erfunden: »Nehmen Sie eine Skala von null bis zehn. Null steht dafür: Sie sind so depressiv, depressiver geht es gar nicht, zehn dafür: Ihre Depression ist vorbei. Wo sind Sie jetzt auf dieser Skala?« Mit dieser Skala wird während der gesamten Therapie gearbeitet. Und diese Skala ist radikal subjektiv. Glück ist nicht radikal subjektiv, weil es nicht bloß ein zeitweiliges Gefühl ist. Aber was jemand im Einzelnen als Glück erlebt, das ist von Person zu Person unterschiedlich, sehr unterschiedlich manchmal.

2

»WIR HÄTTEN DANN GERNE DAS ASCHGRAU«

Unvergessen ist Loriots Szene aus dem Film »Ödipussy«. Paul Winkelmann, alias Loriot, besucht mit seiner Flamme, einer geschäftigen Psychologin, ein Ehepaar, um dem eine – psychologisch geeignete – neue Wohnungseinrichtung aufzuschwätzen. Evelyn Hamann als Psychologin legt sich ins Zeug: Die Eheleute sollten sich für fröhliche Farben entscheiden, das sei gut für die Stimmung. Befangen, aber unerschütterlich sitzen die beiden alten Leute da, in düsteren Klamotten, in einer düsteren Wohnung, mit düsteren unbeweglichen Gesichtszügen. Herr Winkelmann versucht nun eine Marketingoffensive mit verschiedenen Grautönen – »mausgrau, staubgrau, aschgrau, steingrau, bleigrau, zementgrau«. Es kommt zu einem heftigen Streit unter den Einrichtungsberatern vor der Tür – um am Ende den Wunsch der Kundin zu erfahren, die mit starrem Gesicht erklärt: »Wir hätten dann gerne das Aschgrau.« Was für sie persönlich Glück sei, da hatte das alte Ehepaar wohl ganz andere Vorstellungen als die mit Psycho-Klischees um sich werfende Psychologin. Und noch etwas anderes lehrt diese Geschichte: Um glücklich zu sein, muss man sich nicht andauernd ändern.

Für sein Leben gern aß mein Vater »Eisbein«, eine fette Schweinshaxe mit viel, ganz viel Speck. Meine Mutter achtete immer sehr auf gesundes Essen, und da stand Eisbein auf der schwarzen Liste, zu Hause gab es das nie. Nur wenn wir ins Restaurant gingen, kam mein Vater ab und zu mal zu seinem geliebten Eisbein. Eisbein zu mögen ist nicht jedermanns Sache. Ich mag Eisbein nicht. Aber für meinen Vater war es nun mal das höchste Glück. Glück ist persönlich. Übrigens wurde mein Vater 95 Jahre alt, um einiges älter als meine Mutter.

Joseph Sledge saß 37 Jahre lang unschuldig im Gefängnis. Als das herauskam und er im Januar 2015 entlassen wurde, äußerte er in aller Ruhe: »I am happy!« Ich bin glücklich. Als die verdutzten Reporter fragten, wie das möglich sei, antwortete er freundlich und gelassen: »Wenn man so lange im Gefängnis gesessen hat und weiß, dass man es nicht war, dann hält man es gut mit sich aus.« Aber wer war schon mal 37 Jahre unschuldig im Gefängnis? Auch dieses Glück ist höchstpersönlich.

3
ÜBER DUMMKÖPFE, HOLZKÖPFE UND CHARAKTERKÖPFE

Erkenne dich selbst! Darum ging es Sokrates, und er hat versucht, Menschen dabei im persönlichen Gespräch zu helfen. Aufgeschrieben hat er nichts, wohl auch, weil er papiernes Wissen für wenig hilfreich hielt für das Glück, das persönliche Glück seines Gesprächspartners. Und tatsächlich, wer glauben würde, über allgemeines Wissen persönlich glücklich werden zu können, der würde sicher unglücklich, wie jemand, der versuchen wollte, das Meer mit einer Gabel auszuschöpfen. Heute freilich, in Zeiten der Quizshows, triumphiert scheinbar der Wissende mit gleichgültigem Wissen über gleichgültige Dinge. Ein Irrweg. Genau das ist das Problem der gängigen Glücksbücher. Denn wer alles über das Glück weiß, ist nicht glücklich. Auch wenn geschäftstüchtige Hirnforscher Ihnen klarmachen wollen, dass sie genau wissen, wie Sie Ihre Hirnaktivitäten in irgendeiner Glücksregion optimieren könnten, dann denken Sie bloß an den Hinweis des klugen Hirnforschers Detlev B. Linke, dass man ohne Weiteres sogar »dauerglücklich« sein könne, wenn man einfach dauernd die entsprechende Hirnregion reizt. Niemand will das. Und wenn Sie schon dieses Totalglück nicht wollen, dann werden Sie sich doch auch nicht mit irgendeinem hergestellten Teilglück zufriedengeben. Wenn Sie sich also einmal klargemacht haben, warum das niemand will und dass auch Sie das nicht wollen, dann können Sie sich mindestens die Hälfte aller Glücksbücher sparen und beim Rest viele Kapitel. Wie die Esoterik lockt die Hirnforschung bisweilen mit dem heimlichen genüsslichen Gefühl, dass man jetzt halt ein bisschen mehr weiß als die unaufgeklärte Nachbarin. Doch ist so etwas wirklich Glück? Hirnforschung macht vielleicht reich, aber sicher nicht glücklich. Es geht in diesem Buch also nicht vor allem um Wissen, sondern um Erkenntnis, Selbsterkenntnis.

Und dazu braucht man Muße, sagten die Griechen. Nur in der Muße könne man glücklich werden. Wer andauernd nur durch sein Leben hechtet, um irgendein Ziel zu erreichen, und sei es das Glück, der könne nicht glücklich werden. Freiheit von Ermüdung ist Muße, ab und zu mal kurz nur man selbst zu sein, die Unwiederholbarkeit jedes Moments zu spüren, auch die Unwiederholbarkeit dieses einmaligen Ich, und dabei die Gedanken und die Augen gelassen schweifen zu lassen. Dann kann man sich erleben als ein Wesen, das sich in der Zeit wandelt. Das Leben wandelt sich, und Karl Jaspers sagt, auch »der Tod wandelt sich mit mir«, das existenzielle Erlebnis des Todes. Es sind Momente, in denen man Glück vor allem dann spüren kann, wenn man sein Leben in einem sinnvollen Zusammenhang erlebt und sich selbst nicht als Opfer der Welt. »Sich ärgern heißt die Sünden anderer Leute büßen«, auf solch nützliche Gedanken kann man bei solchem Nachdenken kommen.

Aber die anderen Leute sind nicht alle Feinde meines Glücks. Im Gegenteil. Freundschaft, auch darin waren die Griechen sich einig, sei wichtig, um glücklich zu sein. Wer ganz allein für sich glücklich sein will, wird unglücklich. Dass Glück persönlich ist, heißt also nicht, dass es reine Privatsache ist. Vor allem aber heißt es nicht, dass es bloß ein subjektives Gefühl ist. Gustav Wagner war einer der brutalsten

SS-Schergen, er war Oberaufseher im KZ Sobibor. »Er war ein Monster«, sagten Überlebende. Als er 1978 in Brasilien verhaftet wurde, bereute er nichts und erklärte, er habe ein glückliches Leben geführt. Wenig später brachte er sich um. Kann man das wirklich ein glückliches Leben nennen? Und wäre dann das Leben der hingerichteten Verschwörer vom 20. Juli 1944 ein unglückliches Leben? Spätestens bei einem solchen Beispiel versteht man, was die griechischen Philosophen meinten, wenn sie Tugend als Voraussetzung für ein glückliches, für ein gutes Leben nannten.

Bei allen drastischen Unterschieden, die zwischen griechischen Philosophen bestanden, über das Glück der Muße jedenfalls waren sie sich alle einig. In der Muße kann sich jeder Mensch als einzigartig erleben, nicht bloß als klischeehaft künstliche Inszenierung, wie vielfach in den sozialen Netzwerken, und auch sein Glück kann er da erleben, als einzigartiges Glück.

Deswegen helfen auch simple Regeln so wenig, Regeln, wie man angeblich ganz sicher glücklich werden kann. Denn die Menschen sind sehr unterschiedlich und die Situationen, in denen sie leben, auch. Doch gemeinsam sind allen Menschen Leid, Schuld, Kampf und Tod, gemeinsam ist allen Menschen, dass man sich diesen Situationen stellen kann und dadurch bewusster Mensch wird, einmaliger Mensch. Sich das klarzumachen dazu soll dieses Buch beitragen. Wenn man aber von diesen im Leben jedes Menschen unvermeidlichen Grenzsituationen ausgeht, dann kann man eben keine allgemeine Lehre vom Glück verkünden. Lehren führen gewöhnlich nicht zu Einsichten, sie produzieren bloß Anhänger. Wenn es um das Glück geht, muss man also ganz im Gegenteil allgemeinen Lehren widersprechen und auf den Einzelnen verweisen, auf das Individuum, auf die Person. Und dieser Person sollte man nicht von oben herab sagen, wie sie glücklich zu sein hat.

Man kann ihr vielmehr leicht von unten herauf ein paar Anregungen geben, in der freundlichen Haltung des Sokrates. Ob diese Anregungen dann wirklich hilfreich sind, muss der Leser selbst entscheiden, jeder Leser. Das ist auch der Grund, warum ich dieses Buch von meinem Friseur lesen lasse. Friseure kann man nicht von oben herab beeindrucken, sie schauen selbst auf alle Köpfe, von oben, und da sind dann Dummköpfe, Holzköpfe und Charakterköpfe vor dem Friseur alle gleich.

IST GLÜCK UNSTERBLICH?
AUF DER SUCHE NACH DEM EWIGEN GLÜCK

1
DAS UNENDLICHE LEBEN – EIN ALBTRAUM

Radikal formuliert Karl Jaspers: »Wäre nur die endlose Dauer, existierte ich nicht.« Tatsächlich wäre das unendliche Leben die Hölle. Wenn Sie nicht sterben könnten, dann könnten Sie jetzt einem Menschen Schlimmes antun, aber irgendwann in Jahrhunderten könnten Sie sich ja wieder entschuldigen und einem anderen eine Freude machen und wüssten doch, dass Sie ihn irgendwann vielleicht in tausend Jahren wieder enttäuschen würden. Alles wäre gleichgültig, nichts wäre endgültig. Es wäre die totale Langeweile. Nicht sterben können wäre ein Albtraum. Nur dadurch, dass wir sterben, wird jeder Moment unwiederholbar wichtig. Erst dann existieren wir als Menschen wirklich, müssen uns unvermeidlich in jedem Augenblick entscheiden, denn selbst wenn wir entscheiden, nicht zu handeln, haben wir eben nicht gehandelt – und können es nie wiedergutmachen. Durch die Endlichkeit des menschlichen Lebens wird dieses Leben so spannend. Auch die Christen glauben, dass der Mensch mit seinem Tod sein Leben sozusagen »ausgezeitigt« (Karl Rahner) hat. Man kann diesem Leben nichts mehr wirklich hinzufügen. Daher glauben die Christen auch nicht ans unendliche Leben, sondern ans ewige Leben, das die Zeit sprengt. Und diese Ewigkeit ereignet sich schon in diesem Leben, zum Beispiel in Momenten des Glücks. Jeder kennt solche dichten Momente, in denen man sich ganz intensiv glücklich fühlt. Unvergänglich sind solche Momente, ewig. Dabei sind diese Augenblicke nicht herstellbar, nicht planbar. Sie ereignen sich, beiläufig manchmal, unerwartet, wenn das Leben plötzlich ganz leicht wird, fast schwebend.

2 WARUM MAN SICH NIE GENUG BETRINKT

Der Philosoph Josef Pieper hat darauf hingewiesen, dass der Mensch gar nicht anders könne, als das Glück zu suchen. Ein wenig suche er das gewiss schon bei einem guten Glas Wein. Und das sei auch gut so. Doch die Fülle des Glücks, die der Mensch letztlich suche, könne er allein so nicht erleben. »Man betrinkt sich nie genug«, hat schon der französische Literaturnobelpreisträger André Gide gesagt. Das Bedürfnis nach Glück sei nämlich nicht, wie Kant meint, bloß ein sinnliches, sondern auch ein geistiges Bedürfnis, sagt Pieper. Es sei sozusagen in der Natur des Menschen angelegt, und es sei die Triebfeder hinter all dem ernsthaften oder auch banalen Suchen nach Glück. Das höchste Glück des Menschen aber liege in der liebevollen Kontemplation, im ruhigen oder überwältigenden Schauen, im sinnlichen und geistigen Ergriffensein von der Schönheit und Wahrheit der Welt. In solchen Momenten höchster Aufmerksamkeit, vielleicht nur in kurzen Augenblicken, könne man tiefe Sinnerfahrung, Gotteserfahrung machen, eine Erfahrung von Ewigkeit. Jeder Mensch könne das. Und das könnten ganz alltägliche Anlässe sein, das Lächeln eines Kindes, der Anblick einer entzückenden Landschaft, ein ergreifendes Kunstwerk, aber auch die Erfahrung von Liebe, von Güte, von Zuneigung. Und solche Glückserfahrung sei kein Lohn für ein moralisches Leben, diese Glückserfahrung sei ein Geschenk. Man kann sich nicht selber glücklich machen, sagt Pieper.

Der vorsokratische griechische Philosoph Anaxagoras wurde gefragt, wozu er auf der Welt sei, und da antwortete er: »Zum Schauen.« »Der Schauende hat gefunden, wonach der Denkende sucht«, heißt es bei Josef Pieper, und genau das ist es, wonach Goethes Faust sucht, wenn er seinen Teufelspakt mit den Worten besiegelt: »Werd ich zum Augenblicke sagen: Verweile doch! Du bist so schön! Dann magst du mich in Fesseln schlagen. Dann will ich gern zugrunde gehen.« Doch am Ende seines Faust bekommt Goethe das kontemplative und das aktive Leben nicht mehr zusammen. Lynkeus, der Türmer, ist ein naiver Beamter der Kontemplation: »Zum Sehen geboren, zum Schauen bestellt ...«, er schaut, aber er schaut nicht lebendig, und der hektische Knabe Euphorion ist nur lebendig, aber er begreift nichts. »Wer immer strebend sich bemüht, den können wir erlösen«, singen die Engel am Schluss. Gibt es für den alten Goethe Glück, Erlösung plötzlich nur noch im Himmel? Was ist mit Vollendung im Diesseits?

Diese Frage greift Josef Pieper am Ende seines Büchleins »Glück und Kontemplation« auf. Er bezieht sich auf eine Bemerkung des Dichters Gottfried Benn zum Sinn von Kunstwerken. Die Bemerkung lautet: »Eins steht fest: Wenn etwas fertig ist, muss es vollendet sein – allerdings: Was dann?« Und Josef Pieper fährt fort: »So spricht nicht einer, der das Kunstwerk für in sich selber sinnvoll hält. Freilich wird in eine verstummte Welt hinausgefragt: ›Was dann?‹ ›Dann‹ müsste man feiern können, die Zustimmung zum Sinn der Welt festlich begehen – im Glück des Anschauens von etwas, das nicht das Kunstwerk ist, das aber in ihm zu Gesicht kommt. Vielleicht auch müsste ›dann‹ – in einem besonderen, seltenen Fall – das vollendete Werk

dargebracht werden können, als Weihegeschenk und Op-
fergabe im präzisen Sinn. Phidias wusste, als er die Athene
Promachos vollendet hatte, die Antwort auf die Frage ›Was
dann?‹. Auch Bach hat sie gewusst, auch Bruckner. Und
wahrscheinlich gibt es keine bessere Antwort.«

Vielleicht deswegen haben sich die Christen den Himmel niemals ohne Musik vorstellen können, ohne die En-
gelschöre, die zusammen mit den Menschen am Ende ihres
irdischen Pilgerwegs in einem Zustand vibrierenden Glücks
hingerissen Gott schauen.

3
SELFIES FÜR DIE EWIGKEIT

»Plaisir d'amour ne dure qu'un moment, chagrin d'amour dure toute la vie.« (Liebesfreude dauert nur einen Moment, Liebesleid dauert ein Leben lang.) So heißt es in einem traurigen französischen Chanson. Viele versuchen, diese flüchtigen Momente des Glücks im eigenen Leben festzuhalten mit »Selfies«. Doch Glück lässt sich so nicht festhalten. Im Gegenteil, man verhindert durch diesen technischen Eingriff die Einsicht und vor allem das Erlebnis, dass in Wahrheit jeder Moment unwiederholbar ist. Wer einmal den Haushalt eines Toten auflösen musste, wer all die Fotos wegwerfen musste, die niemandem mehr etwas bedeuten, versucht anschließend, weniger zu fotografieren und bewusster zu leben. Das ewige Leben, der glückliche Moment, das Glück, man kann sie nicht fotografieren. Die Ereignisse, die die Seele am tiefsten berühren, entziehen sich völlig dem technischen Zugriff. Aber es sind diese Ereignisse, die von einem Leben wirklich bleiben. Liebe ist Ewigkeit in der Zeit, sagt Karl Jaspers. Und Wittgenstein meint dasselbe, wenn er sagt: »Nur wer nicht in der Zeit, sondern in der Gegenwart lebt, ist glücklich.« Wirkliches Glück ist ewiges Glück, das die Zeit sprengt.

Aristoteles genügen nicht die beiläufigen Glücksmomente: »So macht auch ein einziger Tag oder eine kurze

Zeit niemanden glücklich oder selig.« Und am Ende seines Leben sagt der Philosoph: »Man darf nicht auf die Mahnung jener hören, die sagen, der Mensch solle nur an Menschliches, der Sterbliche nur an Sterbliches denken; wir sollen vielmehr uns bemühen, soweit dies möglich ist, unsterblich zu sein.« Etwas Göttliches nennt Aristoteles das Glück. Wenn es ums wirkliche Glück geht, dann bringen Platon und Aristoteles merkwürdigerweise »den Gott« ins Spiel, nicht irgendeinen der launischen Olympier, sondern einen einzigen, einen philosophischen Gott. Niemand zwang sie dazu, denn den Obrigkeiten galten sie ohnehin als Atheisten, weil sie Zeus und die anderen kruden Gestalten im antiken Götterhimmel nicht ernst nehmen konnten. Sie hielten die Annahme eines Gottes aber für eine Konsequenz vernünftigen philosophischen Denkens. Wahres Glück war ohne Gott, einen ewigen Gott, für sie nicht denkbar. Und noch bei ihrem späten atheistischen Nachfolger klingt das nach. »Doch alle Lust will Ewigkeit, will tiefe, tiefe Ewigkeit«, dichtet der unglückliche leidenschaftliche Glückssucher Friedrich Nietzsche in »Also sprach Zarathustra«.

DES RÄTSELS LÖSUNG
EINE KLEINE ANLEITUNG ZUM GROSSEN GLÜCK

Von den Marx-Brothers stammt der Satz: Einem Verein, der mich aufnimmt, würde ich nie beitreten. Nie wollte ich ein Glücksbuch schreiben. Ich wollte auch nie Lehrer werden und anderen Menschen von oben herab Dinge beibringen. Ich bin zwar der Auffassung, dass wir Deutschen ein Volk von Lehrern sind, die sich durch unterschiedliche Berufe nur verkleiden. Sie können das auf der Autobahn beobachten, wenn Sie zu lange links fahren. Dann überholt Sie mit Sicherheit ein deutscher Lehrer und zeigt Ihnen, wie das richtig geht. Ich habe lange in Italien gelebt. Kein Italiener käme im Traum auf den Gedanken, wenn der Sie links oder rechts überholt hat, Ihnen anschließend eine Lektion zu erteilen und sich überhaupt noch irgendwie weiter für Sie zu interessieren. Der interessiert sich fürs nächste Auto.

Pädagogischer Eros ist mir fremd. Ich verkünde auch nicht gerne ewige Wahrheiten. Aber ich diskutiere gerne. Am liebsten mit Argumenten. Auf Augenhöhe. Am allerliebsten über Wesentliches. Und das Glück ist nun einmal unbestritten für jeden Menschen etwas Wesentliches. Unweigerlich habe ich als Psychotherapeut mit dem Glück oder dem Unglück von Menschen zu tun und auch für Theologie und Philosophie ist Glück ein zentrales Thema. Vor allem aber ärgerte mich, dass selbsternannte sogenannte Glücksexperten viele Menschen mit absurden Theorien ins Bockshorn jagten, indem sie scheinbar ewige Wahrheiten über das Glück verkündeten, die nur sie, sie allein, erstmals gefunden hätten und natürlich sofort der neugierigen und leichtgläubigen Öffentlichkeit präsentierten. Wer nichts mehr glaubt, glaubt alles. Dabei ist das große Glück in Wahrheit klein, aber real. Bedenklich bei diesen Glücks-Gurus war nicht bloß, dass die hochgepriesene Glücksoffenbarung sich dann zumeist entweder als blanker Unsinn oder als lächerliche Banalität entpuppte. Besorgniserregend war vor allem, dass sie vielen Menschen den Eindruck vermittelten, sie seien für sich selbst gar nicht mehr kompetent. So ein Gefühl macht aber nicht glücklich, sondern unglücklich.

Deswegen habe ich mich dann doch entschlossen, ein anderes Buch über das Glück zu schreiben. Ein Buch, das Sie, liebe Leserinnen und Leser, ermutigen sollte, sich selbst und Ihre eigenen höchstpersönlichen Erfahrungen wieder ernst zu nehmen, wenn es um so etwas Wichtiges wie das Glück geht. Ein Glücksbuch, das vor Glücksbüchern warnt, das ultimative, das letzte Glücksbuch also, das Sie lesen müssen, sodass Sie durch die Lektüre viel Zeit und Geld sparen.

Wieder unbefangen und selbstbewusst sein Glück zu suchen, das ist ein emanzipatorisches Projekt. Es geht dabei durchaus um so etwas wie den Ausgang des Menschen aus seiner selbstverschuldeten Unmündigkeit. Auch das Glück selbst wird versklavt. Man verkündet, wer glücklich sei, sei auch gesünder. Lachen, um gesund zu sein, beten, um gesund zu sein, glücklich sein, um gesund zu sein. Ich finde Lachen, Beten und Glücklichsein viel zu wichtig, als sie für irgendeinen ziemlich vorübergehenden Zweck zu missbrauchen. Es geht also auch um die Befreiung des Glücks.

Wie kann man Glück definieren? So würde es wohl in einer Schulstunde losgehen. Doch bei wichtigen Themen sind Definitionen sinnlos. Mein Philosophieprofessor riet uns: Wenn Sie eines Tages jemand fragen sollte, wie Sie Philosophie definieren, so antworten Sie folgendermaßen: Philosophie ist das, was jedermann unter diesem Begriff sofort versteht. Definitionen können das zerstören, was sie definieren wollen. Wie Sie mit einer handlichen Definition von Liebe bald Ihre Frau loswerden können, so auch mit einer handlichen Definition des Glücks das Glück.

Vor Jahren wurde von einer Umfrage in verschiedenen Ländern der Welt berichtet. Man wollte herausfinden, wo die glücklichsten Menschen der Erde wohnen. Das Ergebnis hatte niemand erwartet: Die glücklichsten Menschen der Erde lebten in Bangladesch. Da gibt es keine Glücksbücher, da gibt es bittere Armut. Doch möglicherweise hängt das Glück gar nicht mit viel Geld zusammen oder irgendeinem Geheimwissen über das Glück. Vielleicht hängt Glück schlicht mit dem Gefühl der Geborgenheit in einer selbstverständlich sinnvollen Welt zusammen, in einer Familie, in einer Heimat, in einer Religionsgemeinschaft. Natürlich war diese Umfrage kränkend für all unsere Glücksexperten, und so haben sie schnell andere Umfragen in Umlauf gebracht. Sie haben Glück einfach ein klein bisschen anders definiert, und schwupps! kommen da viel sympathischere Ergebnisse heraus. Wenn Glück zum Beispiel unter anderem darin besteht, ein Auto zu fahren, dann sind plötzlich die Deutschen glücklich, und in Bangladesch herrscht weit und breit Unglück. So passt es dann wieder.

Der Philosoph Robert Spaemann beginnt sein Werk über »Glück und Wohlwollen« mit den markanten Sätzen: »Dieser Versuch über Ethik enthält hoffentlich nichts grundsätzlich Neues. Wo es um Fragen des richtigen Lebens geht, könnte nur Falsches wirklich neu sein.« Dennoch schreibt er ein Buch zum Thema. Denn natürlich ist es wichtig, alte gute Einsichten mit neuen Wirklichkeiten zu konfrontieren. Ich habe das hier nicht in der Form eines philosophischen Fachbuchs getan, sondern im Plauderton eines Gespräches mit Ihnen, liebe Leser, auf dem Marktplatz oder beim Spaziergang. Ich habe Ihnen aus meiner therapeutischen Erfahrung über Irrwege des Glücks berichtet. Dann habe ich Sie mitgenommen auf eine Reise durch die Philosophiegeschichte, denn es wäre anmaßend und naiv, über das Glück zu schreiben und dabei nicht die ganz unterschiedlichen Ideen zum Leuchten zu bringen, die

die klügsten Menschen der Welt im Laufe der Jahrhunderte dazu gehabt haben. Da kann sich dann jeder aussuchen, was ihm am Überzeugendsten erscheint. Übrigens konnten wir bei der Gelegenheit erfahren, dass man von Hirnforschern eigentlich nichts über das Glück lernen kann und dass das im Grunde bei ein wenig Nachdenken auch allen klar ist – außer Hirnforschern.

Kann man also unvermeidlich glücklich werden, wenn man alles weiß, was in der Geschichte der Philosophie über das Glück gedacht wurde? Natürlich nicht. »Philosophie hat nicht die Aufgabe zu erfahren, was andere Leute gedacht haben, sondern zu erfahren, wie die Wahrheit der Dinge sich verhält«, hat Thomas von Aquin, der größte Philosoph des Mittelalters gesagt. Die Geschichte der Philosophie kann nur anregen. Entscheiden müssen Sie selbst. Und das ist gar nicht so einfach, denn es gibt allerlei psychologische Fallstricke, in die man da geraten kann. Was hilft einem schon Aristoteles beim Glück, wenn man sich gerade heillos in seiner frühen Kindheit verlaufen hat. Deswegen waren da einige aufklärende Bemerkungen unerlässlich. Und dann folgte die erste Übersetzung der klugen Ideen des Psychiaters und Philosophen Karl Jaspers in Normaldeutsch. Meinem Friseur sei Dank. Bevor wir zum Hauptkapitel vorstießen, war es aber noch wichtig zu klären, dass es hier nicht um eine neue Masche gehen sollte, wie man Erfolg, Glücks-Erfolg, im Leben haben könne, es geht um ein gelingendes Leben, und das ist etwas anderes. Und schließlich rollten wir zwischen dem scheinbar unvermeidlich glücklichen Polykrates und dem scheinbar unvermeidlich unglücklichen Hiob das ganze Drama des menschlichen Lebens auf. Nur wenn man in diesem Drama und nicht bloß auf einer künstlichen Spielwiese glücklich sein kann, also in der Wirklichkeit, dann kann man unvermeidlich glücklich werden, höchst persönlich. Ewig sogar.

Der Mensch ist kein Rätsel, das man lösen kann. Sein Glück ist kein Kinderspiel. Der Mensch, jeder Mensch, ist ein einmaliges unwiederholbares Geheimnis, das unberechenbar ist, aber das man lieben kann und das Respekt verlangt, weil er sich nicht reduzieren lässt auf das, was man bloß messen kann. Darin liegt seine Würde. Und darüber ging dieses Buch.